谋篇布局　赋能升级

Planning & Upgrading——Strategy Management & Execution of Engineering Consulting Company

工程勘察设计企业战略管理与执行

祝波善　编著

中国建筑工业出版社

图书在版编目（CIP）数据

谋篇布局 赋能升级：工程勘察设计企业战略管理
与执行 = Planning & Upgrading——Strategy
Management & Execution of Engineering Consulting
Company / 祝波善编著. —北京：中国建筑工业出版社，
2022.5（2022.7重印）
ISBN 978-7-112-27211-2

Ⅰ. ①谋… Ⅱ. ①祝… Ⅲ. ①建筑设计—建筑企业—
企业战略—战略管理—研究—中国 Ⅳ. ①F426.903

中国版本图书馆CIP数据核字（2022）第041989号

责任编辑：刘　丹　陆新之
责任校对：张惠雯

谋篇布局　赋能升级
工程勘察设计企业战略管理与执行
Planning & Upgrading——Strategy Management & Execution of Engineering Consulting Company
祝波善　编著

*

中国建筑工业出版社出版、发行（北京海淀三里河路9号）
各地新华书店、建筑书店经销
北京锋尚制版有限公司制版
天津翔远印刷有限公司印刷

*

开本：787毫米×1092毫米　1/16　印张：13½　字数：181千字
2022年6月第一版　2022年7月第二次印刷
定价：**58.00**元
ISBN 978-7-112-27211-2
（39088）

本书编委会

主　任

祝波善

委　员

（按姓氏笔画排序）

史佩杰　刘军进　杨书平　杨　进
金志宏　常兴文　曾宪川

参编人员

陈淑英　李　涛　赵月松　肖冠琼

关于

谋 篇 布 局 赋 能 升 级

本书

2020 年 9 月，笔者撰写的《新生态·新生长：工程勘察设计行业管理与变革》出版，根据行业发展新的特征、新的环境，重新梳理工程勘察设计行业在新的经济时代的发展特征与探索，并结合多年企业管理咨询实践，进一步提出未来行业内企业适应新生态下的管理趋势以及推进大设计创新发展下的变革路径，得到了业内人士认可。

迈入 2021 年，站在"两个一百年"奋斗目标的历史交汇点上； 2021 年，是"十四五"开局之年，是全面建设社会主义现代化国家新征程的开启之年；2021 年，是我们步入"后疫情时代"面对"百年未有之大变局"，全面推进强国之路的关键节点。面对不稳定性、不确定性明显增加的变局，发展仍是时代最强音；如何于变局中谋划布局、统筹开局，是新时代的企业引领创新的应有格局。为此笔者携手业内多位高管领导以及根据天强管理顾问过去一年为业内企业布局"十四五"战略咨询经验总结，梳理出行业内企业面向"十四五"的谋篇布局策略以及关键行动指南。

本书由四个部分组成，总结和审视行业"十三五"时期发展特征，提出面向"十四五"的战略布局思维革新，以及如何构建新的制胜逻辑、发展逻辑、价值逻辑，并从数字化转型、资本市场探索、科技创新、企业变革、资源整合等方面阐述如何有效地推进战略落地。

第一部分，主要回顾总结"十三五"时期行业发展呈现的主要特征，提出面对"十四五"新的发展特征，以及企业在发展过程中的困惑和问题，试图界定行业、企业发展方位，以更好地架构未来战略布局。

第二部分，提出面对充满不确定性的新生态、新赛道，思维革新的重要方向，从新的资源观、技术观、治理观等方面提出如何构建生长型战略观。同时，从定位到业务、组织等方面对"十四五"战略的重要问题进行审视与预判，以期更好地指导业内企业布局未来。

第三部分，聚焦推进生长型战略的关键点，从数字化转型、资本市场探索、科技创新三个方面，围绕业内企业创新发展实践、业内高管的思考，提出推进重点思路、举措和路径。

第四部分，主要立足战略落地执行的角度，立足企业业务转型、组织变革、人才发展以及资源整合等角度，探究怎样更好地推进战略布局的共识与落地，实现战略升级。

本书中所引用的数据资料主要来源于住房和城乡建设部建筑市场监管司发布的10年来全国工程勘察设计行业统计汇编、天强管理顾问季度以及年度行业发展调研。书中所涉及的案例主要基于上市企业历年财报、外部调研获取信息及天强管理顾问近三年来咨询项目资料整理而成。同时，在本书撰写过程中，对业内不同行业的设计企业高管代表进行访谈对话，将企业家所思、所想、所为真实地呈现给读者。

本书中部分观点也已发布在"思翔工程设计洞察""思翔公社""天强管理顾问"等微信公众号，敬请关注，以便获取更多详细信息。

前言

谋 篇 布 局　赋 能 升 级

新生态　新场景　新生长

设计企业将凭借什么力量走向未来？过去几年，勘察设计行业的发展面临了一系列新的变化，行业发展呈现出一系列新特征、新格局、新态势。2020年以来，行业单位的发展情况出现了不同于以往的更大差异、更大分化、更大变数。新的政策因素、新的需求特点、新的技术应用促使不同地区、不同行业、不同规模、不同所有制的设计单位的发展状况、发展诉求和发展的成功要素都产生了巨大变化。

处在深度不确定性的环境之中，面对变化，我们应对的准备时间越来越短，甚至很多时候不给我们准备的时间，就必须作出选择。挑战更为巨大的是，由于环境特征的深度改变，即使有准备时间，我们也很难通过过去的逻辑来推演应对之策。从某种意义上来说，有时候需要"先开枪后瞄准"，在实践中不断调整，通过持续迭代，逐渐逼近目标。以往我们习惯于先将事情论证清楚再去实施，但是将来伴随着内外部环境的剧烈变化，支撑我们论证的很多因素变得复杂、模糊、易变、动荡，很多决策的前提发生了巨大改变。

设计企业将面临一系列不同于以往的新情况、新压力、新挑战，当然这个过程中也会孕育出新机遇、新空间和新可能。所以在这样的发展生态下，企业需要重新界定发展的要素、重新明晰发展的逻辑，一定意义上来说，需要重启系统。具体而言，传统的市场需求将会低位徘徊甚至下滑，新的需求将会进一步激发，但是新的需求以什么形态出现，会给企业带来什么样的新的要求，如何抓住新型需求的机遇，都需要企业重新确立思考框架和新的运作逻辑。

面临新的生态，如何提高企业的生态能力？

面临赛道转换，企业如何来有效适应？面临新的场景，如何从场景出发进行业务创新？

面临全新的生长需求，企业如何实现有效的内生性生长？

面对不确定的未来，每家设计企业既面临着适应新环境、新要求实现企业持续健康发展的命题，也面临剧烈变化环境之下的基本生存命题，这两个命题相互交织。在这个过程中，企业的战略管理能力显得愈发重要。企业不同的战略思维、不同的发展理念、不同的运作逻辑，会影响企业的沉浮、生死，从而导致整个行业的分化趋势加剧！行业走过了政策红利、市场红利，即将进入管理能力的"比拼"时代，从某种意义上来说，未来的发展将进入"管理红利"时代。

2021年将成为设计企业战略重启的元年。行业内企业过去的成功经验已经难以支撑走向未来，过去的发展路径已经不会简单向未来延伸，过去的经营运作逻辑大多也将失效。新环境需要新理念、新格局需要新思维、新赛道需要新姿态！战略管理能力将成为当前及未来设计企业发展的核心能力，未来设计企业的发展战略的主导作用将越来越大。战略管理能力的提升能够不断提升自身对外部环境的动态适应性，集聚自身在新形势下的竞争优势，创造在新格局中的发展新动能。战略重启意味着系统重构，企业的发展理念、战略架构、业务逻辑都需要审视、检省、革新。具体而言，企业原有的体系需要重构，部分体系需要推倒重来。

面临未来巨大的变化，既给企业带来困扰，也带来思考和冷静，一定程度上也是积蓄跃升的力量！在百年未有之大变局中，每家企业都需要重新在新的发展坐标中定义自己，在新的赛道中展现新的姿态，需要在新发展秩序中集聚生长的力量。

目录

谋 篇 布 局 赋 能 升 级

第一部分　界定方位

——

10

第二部分　布局未来

——

40

第三部分　融合创新

78

第四部分　知行合一

124

第一部分
界定方位

∨

"十三五"时期从行业发展数据来看，依然处于稳步增长时期，行业规模呈现扩张趋势。然而，通过对数据的深入分析发现，行业高速规模化的背后是价值增长的乏力、人均效能的降低、净利润增速的下滑。"十三五"是"乌卡（VUCA）"时代，模糊、复杂、多变。审视行业当前的阶段特征，不难发现，业内企业目前正处在一个发展的重要转折点上，起码是一个新旧阶段的衔接点。纵览业内企业发展的状况，设计企业当前处在高质量发展的瓶颈期，寻求管理突破的混沌期，追求设计价值本源的探索期，拥抱资本的阵痛期！

面向未来，行业面对的外部环境更加复杂，国内整体宏观经济格局发生变化，呈现国内国际双循环相互促进的新发展格局，虽然全球化仍然是趋势，但是不能忽视疫情对全球化、一体化的影响。过去行业快速发展与固定资产投资增长带来的增量市场息息相关，当前乡村振兴、城市更新、绿色低碳以及智慧城市等增量、存量相交融的市场迅速兴起，市场需求将发生巨大改变：条块分割的格局被打破，产业融合加剧背景下竞争变得毫无规律可言，且变化频率加快，企业的适应能力跟不上变化的步伐；生存与发展的矛盾不断上升，既要寻求突破，在传统业务走向衰退之前找到新的增长线，又要有效防范未知风险，避过生存危机。

需要引起重视的是，面对未来发展，工程勘察设计企业发展依然存在较多困扰，怎么跨越不确定性，在新的产业秩序里面持续发展，构建适应新时代的经营管理理念，对企业而言依然是巨大挑战。工程勘察设计行业走过了依赖于资质的1.0时代，以业务模式为主导的2.0时代，步入依靠生态主导的3.0时代。2021年是设计行业进入战略重启的元年，面对新生态、新赛道，企业需要激发重启的力量，寻找发展新的动力与活力，重新思考、谋划未来企业发展的全新路径。

工程勘察设计企业处在新的发展方位中，挑战与机遇并存，既有发展的困扰，也孕育着突破跃升的可能。原有发展逻辑的终结，给业内单位带来困扰，也带来变革提升的动力。新的发展秩序中，需要新的思维、新的力量！

1

"十三五"发展特征审视

　　工程勘察设计行业经历了数十年高速发展态势，截至2020年实现营业收入72496.7亿元，2010年以来保持年均22.4%的增速，"十三五"期间增速为21.4%（见图1-1）。人均营业收入是衡量行业发展水平的一个重要指标，该指标在过去数十年间也呈现出整体上升的发展趋势，并在"十三五"期间一直保持在人均100万元以上（见图1-2）。

　　行业收入规模的亮眼表现似乎反映出行业高增长发展模式还在延续，然而，事实上相当多的企业正面临着发展瓶颈，甚至是生存的压力，数据表象下隐藏着潜在的发展隐患。

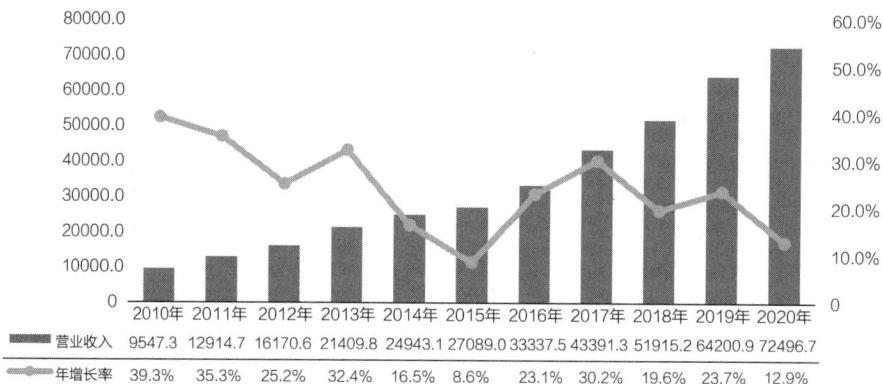

	2010年	2011年	2012年	2013年	2014年	2015年	2016年	2017年	2018年	2019年	2020年
营业收入	9547.3	12914.7	16170.6	21409.8	24943.1	27089.0	33337.5	43391.3	51915.2	64200.9	72496.7
年增长率	39.3%	35.3%	25.2%	32.4%	16.5%	8.6%	23.1%	30.2%	19.6%	23.7%	12.9%

图1-1　中国勘察设计行业历年营业收入情况（单位：亿元）

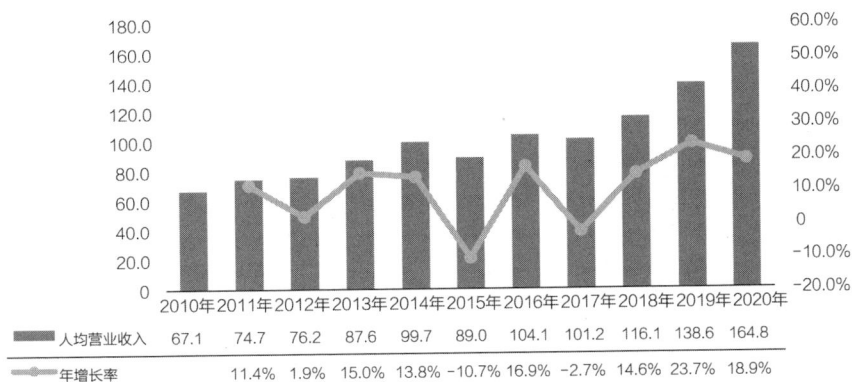

图1-2 中国勘察设计行业历年人均营业收入情况（单位：万元/人）

寻求高质量发展的瓶颈期

工程勘察设计行业主要以设计类企业为主，设计类企业人均设计收入在"十三五"期间始终在50万元左右，与行业整体业务人均收入突破100万元相去甚远，设计人员的劳动生产率始终没有实质性突破。同时，设计类企业设计业务收入在2019年为4796.0亿元，年增长11.9%，增速较2018年下滑3.4%，远低于设计类企业营业收入增速。在盈利水平方面，近年来多项指标不升反降，"十三五"时期行业整体净利润率从2016年的4.6%下滑至2020年的3.5%，毛利率虽然小有起伏，但整体呈现下滑趋势（见图1-3）。行业规模不断扩张，但盈利水平却在逐年走低，不禁让人对行业服务逻辑以及盈利模式进行深入思考。

根据天强行业研究中心发布的思翔行业指数，"十三五"时期行业发展指数整体表现与行业整体营业收入情况有所出入，若以年度为衡量单位，"十三五"时期行业发展指数整体表现较为平稳（见图1-4）；若以季度为衡量单位，则呈现局部波动状态，历经五个发展阶段（见图1-5）。

2015年第一季度至2016年第四季度，行业指数处在发展上升期，市

图1-3　2010～2020年工程勘察设计行业三大利润指标分布

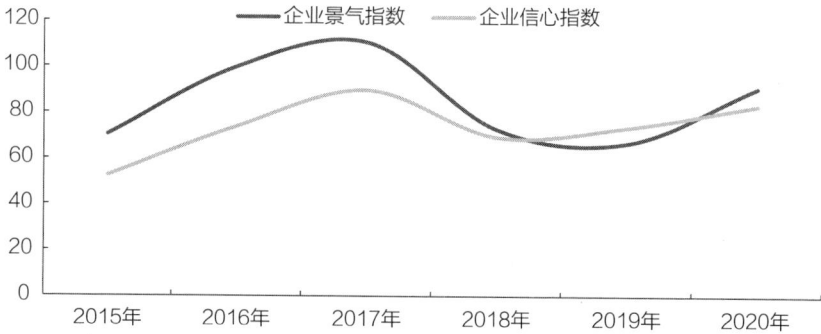

图1-4　2015～2020年年度企业景气指数和信心指数

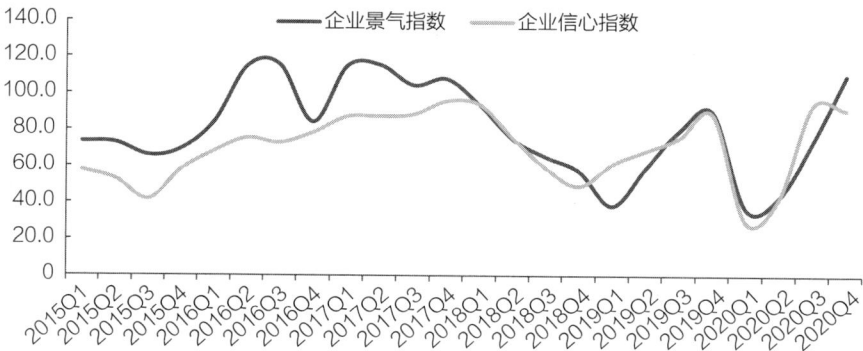

图1-5　2015～2020年季度企业景气指数和信心指数

场竞争比较激烈，市场需求依然旺盛，企业景气指数处于高速上升态势。

2017年第一季度至2018年第四季度，固定资产投资增速减缓，经济形势稳中有变，逐渐走向高质量发展。对于企业发展而言，虽然整体经营状况维持稳定，但是利润率持续走低，同时行业格局迈向深度重组洗牌阶段，重组分化程度不断加剧。该时期，企业景气指数不容乐观，持续走低。

2019年第一季度至2019年第四季度处于行业发展恢复期。2019年宏观经济继续以"稳预期、稳增长"为主导进行相应的结构调整与风险防控，通过优化营商环境、大规模减税降费等措施，激发市场主体活力，促进了经济稳定增长。对于行业发展而言，2019年下半年国家集中批复了一批基建项目，中西部基建投资规模持续加大，为行业发展提供了更多的市场空间，因此企业景气指数在2019年全年呈现出复苏景象。

2020年第一季度新冠肺炎疫情暴发导致全社会的正常生产经营活动骤然停摆，工程建设全面停工停产，人员流动趋于停止，整个市场充满了悲观情绪。因此，企业景气指数陡然下滑，处于历史最低值。

2020年第二季度至第四季度，得益于国内疫情防控成效，全国各地陆续复工复产，为尽量弥补一季度生产经营的巨大损失，二季度以来国家释放大量投资空间，为设计企业有效复工复产、触底反弹提供较好的市场支撑。未来一段时期行业还将在波动中调整，从高速增长走向高质量发展的道路必然不是一路通途，设计企业正在寻找突破的力量。

在国际市场方面，根据《工程新闻记录》（ENR）杂志发布的国际（海外）收入225强，自"一带一路"倡议提出后，2016年中国内地企业的海外营收实现历史性突破，收入增速达到48.3%，越来越多的中国企业成功跻身榜单。但政策红利刺激下的中国企业国际化之路同样也会受到不利局势的冲击，2020年受中美贸易摩擦加剧，以及国际市场政治局势、疫情冲击、政策环境波动明显，内地企业的海外拓展之路艰难，增速持续回落，连续两年呈现负增长（见图1-6）。

中国内地企业抗风险能力弱还体现在海外业务布局的业务多元化程度
较低。以2021年发布的榜单为例，中国内地企业的海外市场高度集中于
亚洲地区（54.9%）。相比之下，美国企业以亚洲和欧洲地区为主，欧洲
企业则以欧洲和美国地区为主，各区域市场份额均超过20%，企业的海外
市场布局更加均衡，能够更好地降低外部环境冲击（见图1-7）。

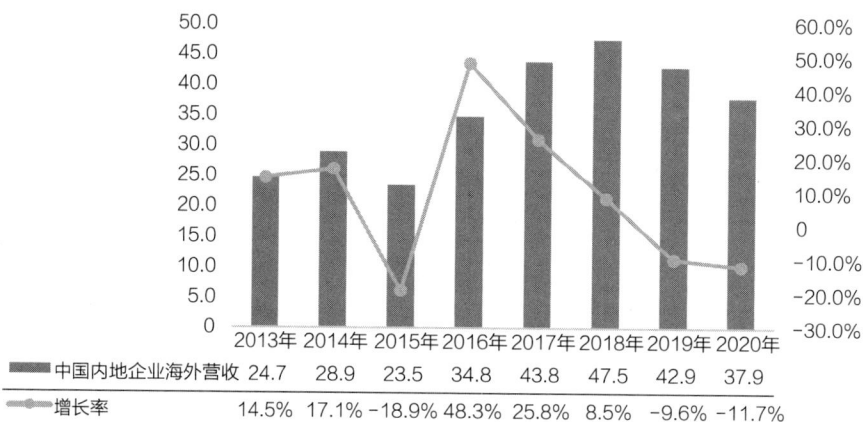

图1-6　ENR工程设计企业国际（海外）收入225强中国内地企业2012～2019年
海外营收情况（单位：亿美元）

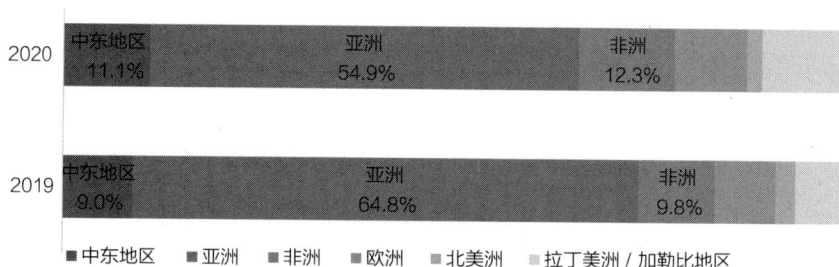

图1-7　2020年ENR工程设计企业国际（海外）收入225强
中国企业海外业务分布

海外业务的巨大波动恰恰说明我国企业"走出去"缺少强大的竞争力，以机会主义可能叩开海外市场的大门，但机会主义支撑不了海外业务的可持续发展。以单环节的服务为主的工程设计咨询企业面对海外高度成熟的市场难以实现自我价值变现，在现实中更是存在配合投标阶段无用功高企，而中标后参与设计分包的过程项目利润则被平台方严重挤压情况。再有就是投融资能力向来是设计咨询企业的短板，不仅体现在创新融资手段的能力有限，还有就是寻求集团等支持存在阻力。另外，抗风险能力明显低于综合性集团、窗口平台公司以及施工企业，除了传统项目管理的安全、质量、进度、成本维度，海外业务中聚集了大量非传统安全风险，如政局动荡、暴恐袭击、疾病瘟疫等，以上风险项中的任何一次突发事件都有可能构成企业无法承受之痛。

对价值本源的探索期

根据天强2021年上半年行业调研，34.2%的设计企业的平均设计费用率低于2%，39%的设计企业的平均设计费用率仅在2%~5%。就目前设计企业的平均设计费用率而言，仍然处于低位，低价竞争现象仍然较为普遍。过去的服务和价值逻辑已经无法带给企业更好的未来，当前对于"全生命周期服务管理"等服务模式创新的探索表明，行业已开启价值服务的时代。

过去数年很多企业都在大胆尝试业务创新，但探索之路并不平坦。国家大力推行全过程工程咨询、工程总承包、建筑师负责制等新型工程组织模式，但落地成效不佳。面对一体化市场需求，长期习惯提供单一模块服务的传统设计企业需要转变业务创新运行逻辑，对管理架构、合作模式等顶层设计以及能力建设提出了巨大挑战。

设计人员很难主导项目，无法完全站在全过程视角推动项目运作。我国工程勘察设计行业采用的是分段管理模式，导致建筑师对后续建设环节缺少话语权。例如，由于缺少成文的规定，施工招投标中基本没有建筑师技术判断的话语权，建筑师无法对施工进行有效控制，难以发挥技术控制的主导作用。

企业自身资源能力不足。在人员方面，相较于设计专业人才，全过程复合型管理人才不足，直接导致承担总承包业务所需的项目统筹能力、设计管理能力、成本控制能力、采购管理能力、专业分包能力、合同谈判能力、风险控制能力亟待全方位补足。

现行政策体系下设计企业推进受阻。以工程总承包业务为例，《房屋建筑和市政基础设施项目工程总承包管理办法》要求工程总承包业务具备"双资质"，设计院若没有施工资质，不再具备一家独揽的资格，对设计院在拓展设计施工总承包方面的先发优势、上游优势、资源优势和主导优势等存在一定的掣肘，对培育和体现设计院开展工程总承包业务的核心竞争力优势具有较大影响。

同样，在新兴市场空间下，工程勘察设计企业很难对集成化需求提供有效供给。例如，面对城市改造升级以及智慧运营的需求，交通、市政等细分设计企业定位为打造建设高端智库、综合性服务解决方案提供商，但若工程勘察设计企业无法发挥专业技术优势，系统整合社会、经济、产业、技术等多重资源，在前端策划引领作用不足，对后端项目运营、持有资产经营、特色增值服务等带动力量有限，很难将战略定位真正落地。当前工程勘察设计企业在业务创新方面普遍存在瓶颈，归根结底是没有找到企业创新转型的实施路径，设计的价值在业务创新过程中如何体现，对设计价值本源的思考与探索，将会成为当前及今后一段时期的聚焦点。

寻求管理突破的混沌期

过去，工程勘察设计企业作为专业技术服务提供者，在非市场化竞争环境下，企业管理方式较为粗放。随着市场化进程的深入推进，竞争格局变化、客户需求改变、业务模式创新需要带来的管理问题日趋复杂，设计企业的领导者面临着从技术角色到管理角色的转变。部分企业已经逐步建立起现代管理意识和架构，但距离真正实现管理的规范化、精益化、平台化、数字化还将有一段较长的路要走。

当企业从任务导向式的思维跳脱出来，开始走向市场化可持续经营的发展道路，很多管理上的问题被放大，且各问题之间相互串联，仅解决局部无法根治。过去分支机构只是一个虚化的概念，只是在产值、市场等方面有考核要求，由此带来资质挂靠、品牌影响不佳等问题。但随着行业全国化、区域化发展态势不断凸显，分支机构被赋予重要的角色定位，部分企业甚至出于长远发展提出建设第二总部的诉求。未来分支机构必然是功能性运作实体，将成为企业系统性战略思考的重要部分，厘清总部与区域机构的角色关系，划分业务线条、管理线条的职责分工，明确区域机构的功能定位，以及资源能力建设及实施路径等都是需要提前筹划思考的问题。

业务与管理从来都是密不可分的，业务转型升级有赖于管理变革作为支撑。过去各管理职能呈现明显产值导向，服务于签单—投入—生产—验收的生产流程循环运行。然而，业务创新探索则完全不同，新业务前期需要大量资源投入与跨部门协作，组织模式、资源配置以及考核重点都与传统业务差异较大，新旧业务如何平衡考验管理层的决策能力以及执行能力。

拥抱资本的阵痛期

"十三五"是工程勘察设计行业登陆资本市场的活跃期。截至2020年12月底，先后有28家以设计咨询等工程技术服务为主业的设计企业成功登陆资本市场，其中有6家成功过会尚未发行，还有4家正在等待过会中。含有设计咨询业务并纳入业务统计口径的有65家上市企业。

2017年是行业内企业密集上市的年份，先后有7家企业成功上市，使得以设计咨询为主业的上市企业数量突破两位数，上市公司成为行业内不可忽略的重要力量，许多设计企业将谋划上市作为实现长远战略目标的重要一环。

2020年以来行业又一次迎来资本市场爆发期，随着以设计为主业的上市企业突破30家，这给行业未来市场竞争格局以及商业模式创新带来较大变化。但与行业上市热情高涨相反，上市企业普遍面临市值缩水、市盈率偏低的窘境。毫无疑问，当前行业已上市的设计企业无一不是在所在区域或细分行业内领先企业，根据公开披露的信息，绝大多数企业财务指标、经营成效都高于行业平均水平，好公司未必是好股票似乎在我国股票市场上是一种常见现象，但这一定程度上也反映出行业价值在资本面前没有得到应有的认可。回顾设计企业上市后的历程发现，绝大多数企业仍然没有走出以人力换产值的发展框架，尤其是新冠肺炎疫情暴发后2020年前两季度经营成效表明生产效率还没有质的飞跃，资本的价值发挥作用有限，如何依托资本嫁接提升价值服务是上市企业亟待解决的问题。

并购重组是企业上市后的常规操作，上市企业一般作为并购方通过横向、纵向并购拓展业务布局，但2020年出现一些微妙的变化，为突破发展困境，一些企业考虑通过股权变更引入避险效应更好的国有资本实现资源互补，优化改善现金流。2020年8月苏交科发布公告，通过协议转让、定增以及放弃表决权等方式实现控制权变更，最终同属广州市国资委的珠江实业集团以及广州国发基金联合持股26.92%，成为公司实际控制人。随后，厦门国资委也通过下属联发集团有限公司成为另一家上市公司合诚股份的实际控制人。由两家公司对外披露的信息可知，控制权变更均希望通过整合优质的国企资源发挥双方协同效应，提升融资能力以及市场业务开拓能力等。具体来说，苏交科此次时隔8年后重回国资怀抱，且选择广州国资，背后的逻辑是出于粤港澳大湾区的长远战略布局，股东珠江实业集团多年来深耕粤港澳大湾区基础设施建设和运营服务，具备深厚的区域性资源优势和强大的资金实力，有助于公司拓展该区域基础设施建设市场，促进产业链资源整合。

两家公司不约而同地选择对接国有资本表明，当下民营企业正经历着严峻的生存经营压力，依托资本对接一定程度上有助于提升抗风险能力。民营上市企业的股权变更值得有资本运作意愿的企业思考，审慎对待上市。上市是否是企业当下对接资本的最优选择，对企业长远目标实现发挥怎样的作用，企业具备哪些特质值得投资者青睐，是否真的已经准备好迎接资本市场的残酷挑战？

数字化转型的迷茫期

数字经济时代数字化发展成为设计企业顺势而为的选择，但目前真正践行的企业少之又少，天强公司对行业内企业数字化调研分析后发现，许多困难"横亘"在企业面前亟待应对。

企业数字化发展目标及自身定位模糊

从调研结果来看，73.6%以上的设计企业提出数字化转型的出发点是"基于企业未来发展战略考虑"（见图1-8）。但从企业实际探索的数字化方向来看，73.6%的企业选择了项目过程管理，71.7%的企业选择了优化内部管理流程，降低管理成本。此外，从其他选项选择情况来看，现阶段设计企业的数字化明显集中于项目管理、内部优化和技术升级三大模块，

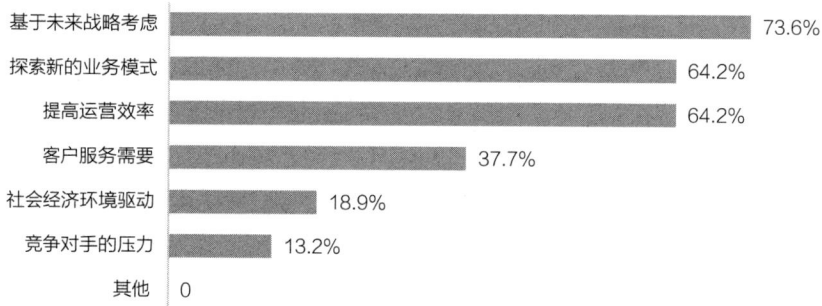

图1-8 企业探索数字化转型的出发点

基于未来战略考虑 73.6%
探索新的业务模式 64.2%
提高运营效率 64.2%
客户服务需要 37.7%
社会经济环境驱动 18.9%
竞争对手的压力 13.2%
其他 0

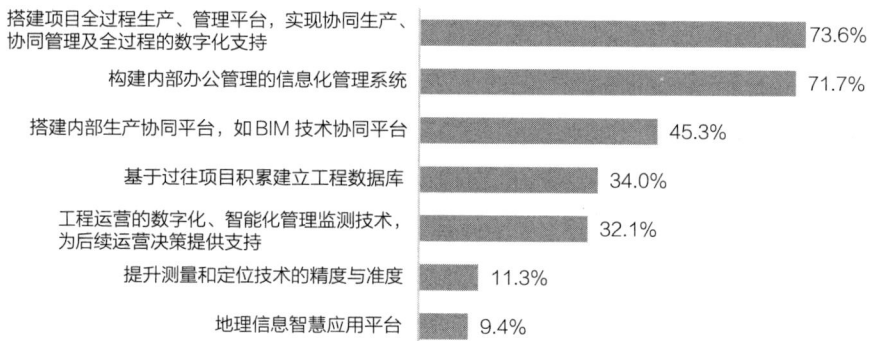

图1-9 企业进行数字化转型探索的方向

搭建项目全过程生产、管理平台，实现协同生产、协同管理及全过程的数字化支持 73.6%
构建内部办公管理的信息化管理系统 71.7%
搭建内部生产协同平台，如BIM技术协同平台 45.3%
基于过往项目积累建立工程数据库 34.0%
工程运营的数字化、智能化管理监测技术，为后续运营决策提供支持 32.1%
提升测量和定位技术的精度与准度 11.3%
地理信息智慧应用平台 9.4%

真正以数字化技术为手段布局未来业务的仅占32.1%（见图1-9）。尽管当前大多数设计企业已经开始积极布局数字化，但在实际操作和落地过程中，很多企业存在定位不清或目标过于模糊的情况，导致成效与既定目标错位。

当前，设计企业首先需要立足自身，为未来生态体系制定愿景，使企业的目标具体化。通过这一流程，设计企业可以确定如何定位产品和服务，为客户提供什么样的价值主张，如何通过多渠道的客户互动提供个性化的解决方案，在此基础上制定相关战略规划。

缺少实现数字化转型的顶层战略规划

从调研的结果来看，一方面，随着"数字经济""人工智能"等国家战略的提出，目前向数字化方向转型已经得到业内的普遍认可，尤其是数字化给生产部门带来的效率提升和技术革新难以预估。但另一方面，为了推进数字化转型，企业同时面临着多维度的转变与升级，包括企业战略规划、决策机制、组织架构、人才资源、企业文化等。结合工程勘察设计企业的推行情况，尽管84%的企业已经或多或少开始布局数字化，但多数企业仍持有亦步亦趋的态度，还有部分企业仅仅推动了单环节转型，其他环节没有及时跟进或加入，最终导致转型效果不及预期。

无论是通过数字化技术优化业务布局、改进生产工艺、提高管理效率，还是利用数字化进行业务和商业模式重构，战略规划是企业发展的基础。面对数字化转型，设计企业首先需要明确自身的数字化定位和目标，建立明确的数字化愿景，制定与之相适应的实施举措和路径。

依赖市场需求被动发展，缺乏强而有力的领导及推动者

作为传统产业之一，同时业内拥有众多从国有企业转企改制而来的企业，勘察设计行业带有较为浓厚的历史色彩，形成了设计企业核心竞争力普遍来自于传统技术和规模化的发展特征，企业难以快速适应数字化时代下日新月异的外部环境和技术升级。此外，设计单位作为前期规划和后期施工的中间环节，在市场竞争中本身处于弱势地位，在建设过程中缺少话语权和决策权。双重因素之下，导致当前设计企业疲于应对外部变化，数字化转型的需求更多来自于客户要求，而非企业自身。结合调研结果来看，有37.7%的企业表示进行数字化转型是来自于客户服务需要。

一方面，从战略高度来看，数字化转型是对整个企业业务、战略的重塑，因此首先要在内部形成共识，形成"数字文化"和"数字素养"，转变发展观念，为企业数字化转型扫清阻力。另一方面，数字化转型所涉及的生产环节、资源调配以及知识领域之广，是前所未有的。从本质来看，数字化转型实质是对企业包括人才、智力、客户等在内的所有资源的重新分配。因此，能够调动企业全局资源的领导力，往往是数字化转型推进和成功的关键。对于设计企业来说，可以通过成立跨部门转型小组，由组织内赋有大局观和执行力的领导者带领，建立从转型终局出发的资源适配机制，以此保证新型业务的有力推进。

现阶段企业组织架构难以适应和支撑数字化发展

对于通过数字化提高生产效率的设计企业而言，数字化技术的出现和普及加速了企业从粗放式管理向精细化管理模式转变，具体表现在：项目管理方式从阶段性管控向实时监控、软约束向硬约束、分裂封闭向开放透明转变。为了能够尽快对项目过程进行决策和管控，及时高效地对项目进度进行反馈和调整，要求企业的组织模式从多层级结构向扁平化架构转变。

对于以数字化为业务的设计企业而言，传统的设计企业作为生产单位，项目体量较大，对项目整个流程的规范性、操作性和系统性提出了较高要求。对于以数据为基础的企业而言，数据是生产原料，流程的概念被弱化，业务链条与传统业态相比被极大地缩短，各部门之间互联互通，从而实现数据在内部的自由流动。同时，为了能够及时、快速地响应外部市场变化，需要形成快而敏捷的组织架构，避免因时间延误和内部协作不畅而错失商机。

前期投入高，数字化技术成效不及预期

与国外数字化发展程度相比，当前国内数字化仍处于发展初期，对前期资金的投入和支持远远无法满足要求。调研结果显示，"资金紧张"问题位列企业数字化发展所面临的问题和挑战第三位。另外，从目前设计企业数字化的转型成效来看，八成以上企业在推广上并没有明显成效，可见多数企业仍处在孵化和培育期（见图1-10）。一方面，大多数设计单位在科研方面投入有限，并且投入过程中重硬件轻软件；另一方面，数字化探索迟迟未见成效，导致企业逐渐失去了转型的信心和耐心。

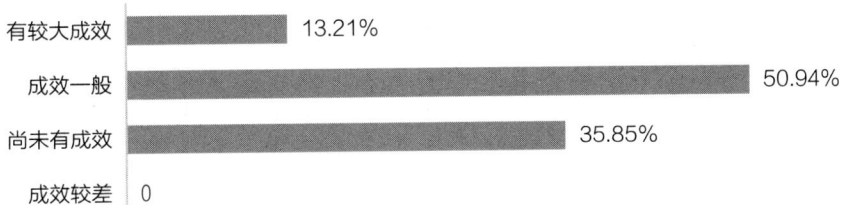

有较大成效　13.21%
成效一般　50.94%
尚未有成效　35.85%
成效较差　0

图1-10　企业探索数字化转型的成效

对于这一问题，首先，设计企业可以从基础设施层面入手，进行信息系统的升级和资源数字化，从技术升级的角度为数字化转型奠定基础；其次，在业务链中选择具体的场景作为数字化转型的切入点，立项并设计明确可衡量的价值闭环，进而在生产环节的上下游延伸推广，率先实现短期资金回笼，从而逐步带动数字化的全面布局。

数字化人才储备力量不足

勘察设计行业作为智力密集型产业，核心资源在于人；企业实现数字

化服务和产品的背后，也是依靠对人力资源的重新配置创造业务。因此，数字化人才是设计企业转型的关键要素之一，也是设计企业目前面临的核心问题之一，在此次调研中以52.8%的比重占据首位。

数字化转型不仅需要新技术人才、业务创新人才，更需要能够将新技术与业务结合起来的跨领域人才，培养高水平的转型人才是企业数字化转型不可回避的问题。

2

新时代发展新特征

当前工程勘察设计行业面临空前复杂的外部环境，正处在一个全新的时代背景下，这与我国整体宏观经济形势变化密切相关。过去五年以来，我国经济一直在曲折中前进，从2016年提出宏观经济呈现"L"形发展态势，到2017年党的十九大报告中提出"我国经济已由高速增长阶段转向高质量发展阶段，正处在转变发展方式、优化经济结构、转换增长动力的攻关期"，再到2020年两会期间习近平总书记强调"要逐步形成以国内大循环为主体、国内国际双循环相互促进的新发展格局"。中央每年关于我国经济发展形势的表述都在发生变化，恰恰印证着当下是一个快速变化的时代，正如《中共中央关于制定国民经济和社会发展第十四个五年规划和二〇三五年远景目标的建议》中提到的："当前和今后一个时期，我国发展仍然处于重要战略机遇期，但机遇和挑战都有新的发展变化，当今世界正经历百年未有之大变局"。

后城市化时代催生新业态

过去数十年间我国经历了最大规模、最快速的城镇化发展历程。2019年城镇化率首次突破60%，并有望在2030年突破70%。虽然城镇化进程仍在推进，但城市发展模式已经从"大拆大建"转向规划建设管理统筹发展，市场热点从增量市场转向增量存量并举并关注精细化管理与现代化治理，人口老龄化对适老型基础设施建设要求提高，环境保护与生态建设要求日益提高……过去依赖外部投资拉动的模式难以维系，工程勘察设计行业需要立足"后城市化时代"特征探索新发展。

2018年2月，按照《中共中央关于深化党和国家机构改革的决定》确定组建自然资源部，统一行使"所有国土空间用途管制和生态保护修复职责"，推进"多规合一"，实现土地利用规划、城乡规划有机融合。2019年5月，《中共中央 国务院关于建立国土空间规划体系并监督实施的若干意见》提出，将主体功能区规划、土地利用规划、城乡规划等空间融合为统一的国土空间规划，并优化土地规划管理相关程序，在"多规合一"的基础上实现"多审合一"与"多证合一"。城市规划不再只是行政意义上的规划，更是用于放大城市管理效能，促进生产要素流动，在存量条件下创造价值增量，将"一张蓝图绘到底"落到实处。城市建设管理逻辑的改变意味着工程勘察设计行业所面临的市场需求正朝着一体化、集成化方向发展，规划、设计、建设与管理各环节相互串联，极大地推动工程组织模式优化，促进新模式、新业态的产生。

2015年4月，《京津冀协同发展规划纲要》出台，确定"京津冀协同发展"为重大国家战略；2017年4月，中共中央、国务院决定设立河北雄安新区；2016年5月，《长江三角洲城市群发展规划》经国务院常务会议通过，提出到2030年建成具有全球影响力的世界级城市群，2019年5月，"长三角一体化发展"上升为国家战略；2019年2月，《粤港澳大湾区发展规划纲要》出台，打造国际一流湾区和世界级城市群……当前我国基本形成了T字形城市群战略发展框架，覆盖京津冀城市群、长三角城市群、粤港澳大湾区、长江中游城市群、成渝城市群等，以城市群为纽带的城市发展新模式是当下发展重大议题，对内提升中心城市引领作用，对外实现区域板块联动协同。

对于工程勘察设计行业而言，城市群建设将带来两大发展机遇：一是大力推进基础设施复合化、一体化，交通、信息、能源以及生态基础设施互联互通，不仅是对原有增量市场的持续挖掘深化，更是对已有的存量市场升级改造，以产城融合、协同发展的视角推进基础设施建设（以下简称"基建"）领域更新换代；二是增强底线思维下对环境韧性的重视程度日益加深。以长江经济带为例，从2016年开始习近平总书记先后主持三次长江经济带发展座谈会，明确坚持"生态优先、绿色发展"战略定位，以"共抓大保护，不搞大开发"为策略，推动"长江经济带成为我国生态优先绿色发展主战场"，未来将在水环境治理、节能环保改造、土壤修复等领域涌现新的投资机遇，带来大量体系性、协同化的工程建设以及改造运营需求，值得工程设计企业重点关注。

疫情冲击下公共安全的重要性不言而喻，大众对城市韧性的关注度不断提升。城市韧性是指城市在遭受困扰时迅速响应、快速适应、动态反馈，持续保持健康可持续发展。当前城市不仅面临突发冲击同时还有发展顽疾，城市韧性不仅体现在韧性基础设施建设，还包括社会、经济层面的系统构建，致力于打造绿色、宜居的城市生活。2020年9月，习近平主席在第七十五届联合国大会一般性辩论上提出"二氧化碳排放力争于2030年前达到峰值，努力争取2060年前实现碳中和"，对深层的经济与产业结构变革提出巨大挑战和机遇。作为工程勘察设计行业，在推动碳交易要素自由流动，促进绿色能源应用以及打造低碳绿色城市技术路径等方面都存在巨大潜力。

数字化时代下发展新场景

国家经济结构调整，新旧动能转化加速驱动服务经济发展。2015年政府工作报告中首次提出"互联网+"行动计划，互联网思维、互联网技术与互联网模式加速驱动相关产业融合发展与升级。当前"云、大、物、智、移"等新一代科技技术创新发展及其加速商业化应用正在深入赋能相关产业，新一轮的融合发展将对产业链、价值链、商业生态等产生革命性影响。工程勘察设计行业需要主动链接新技术、融入新型商业生态、赋能产业场景。

在当前全球新冠疫情形势日益严峻的背景下，出口和消费都面临着空前压力，所以要强化投资来拉动经济。传统以铁路、公路、基础设施为主的"铁公基"的投资建设往往伴随着货币宽松全方位的刺激。而当下，传统的基建投资发挥的效用越来越小。在此背景下，与传统基建截然不同的"新基建"适时提出，成为经济发展的未来动能和行业发展的新机遇。

"新基建"在2018年12月中央经济工作会议上被第一次提及，2019年被写入国务院政府工作报告，2020年1月国务院常务会议、2月中央深改委会议、3月中央政治局常委会议持续密集部署。2020年4月20日，在国家发展改革委新闻发布会上，官方首次明确了"新基建"的范围，包括信息基础设施、融合基础设施、创新基础设施三个方面。虽然目前我国仍然以传统基建投资为主，但随着城市发展理念不断演化，自然会挖掘出新的发展机遇，发力"新基建"。与传统基建最大的不同在于"新基建"着力于补短板；着力于科技创新，促进城市发展适应智能时代；着力于注重民间投资积极性。因此，"新基建"将发挥三方面作用，首先"稳增长"，在新冠疫情的长远影响下保障国民经济稳定；其次"调结构"，在经济结构转型背景下，深化产业结构调整，优化投资体制机制；再次"补短板"，推进新型城镇化建设，加速城市基础设施功能提升与改造升级。

根据"新基建"明确的七大领域，可以划分为狭义型基建和广义型基建。狭义的"新基建"，主要是指迎接数字化时代的数字化基础设施建设。狭义"新基建"孕育的基建市场，包括5G建设对通信工程设计行业、大数据中心对建筑设计行业等会有非常直接的帮助，也会激发更大范围的产业融合创新场景。所以狭义"新基建"主要是促创新。广义的"新基建"，更多是基于城市与产业升级的空间架构下，城市与基础设施领域的增量与存量空间，包括结构调整与短板补充。结构性的补短板，包括特高压、高铁、城际铁路、轨道交通等。所以，广义"新基建"主要是立足于补短板。

"新基建"无论是政策还是其他方面所传递的信息，以及它的内在特点，都需要行业更加关注其长期效应。狭义的"新基建"不会带来巨大的建设市场，那么更多的是基于数字技术能力的布局。"新基建"的最终导向是提高国家治理的效率和效益，助力产业转型升级，最终的落脚点是城市载体。因此，面对"新基建"，要坚持专业协同为基础、利益共享为链接、长期共生为目标的理念。

数字经济推动建筑业变革与升级，智能建造成为必然趋势。数字化带动产业结构形态改变，数字链带动工程规划设计、施工管理、运营维护一体化集成与高效协同。2020年7月住房和城乡建设部联合其他12个部门共同发布《关于推动智能建造与建筑工业化协同发展的指导意见》，分别从加快建筑工业化升级、加快技术创新、提升信息化水平、培育产业体系、积极推进绿色建造、开放拓展应用场景、创新行业监管与服务模式等方面入手，以建筑工业化、数字化、智能化为方向，推动建造方式转型，打造"中国建造"升级版。智能建造将数字化技术、建筑工业化以及平台化模式加以整合协同，全面升级生产方式，促进生产效率提升。在工程建设全生命周期的视角下，企业都在积极探索依托大数据、建筑信息模型（BIM）的先进信息技术搭建全产业链数据集成平台，从实物产品过渡到数字产品，以全生命周期数字化服务提升运营管理效能。

根据国家统计局发布的《战略性新兴产业分类（2018）》，在数字创意产业中专门设立数字设计服务行业门类，涵盖工程设计活动、规划设计管理、工业设计服务以及专业设计服务等，可见未来设计与数字的结合将更加紧密，"人工智能+设计"的模式正在逐步显现，工程勘察设计企业如何抓住机遇，依托数字化赋能实现转型升级成为迫切需要解决的问题。

后全球化时代下新竞争

随着世界产业分工的不断细化，全球化趋势不断加剧。然而，2019年全球经济放缓，广泛的贸易摩擦不确定性不断冲击着各国经济局势，以美国、欧盟为代表的西方发达国家不约而同地提高了外商投资准入门槛，同时，在东南亚、太平洋地区、南亚、非洲和欧洲等地区，"一带一路"倡议也面临一定的区域性竞争，再加上2020年初新冠肺炎疫情席卷全球，出现一些逆全球化的声音，深刻影响着世界经济、政治局势。全球治理体系大变革对参与世界市场竞争带来新的挑战，设计企业需要重新考虑参与全球市场的切入方式、竞争要素构建。新的全球格局必将要求我国对外进一步开放、国内市场深度一体化，必将驱动资本、技术、人力资源等要素进一步市场化，竞争格局将被进一步重塑，一定会给原有发展模式带来全新的挑战与机遇。

自加入世界贸易组织以来，中国一直有序推进对外开放，不断放开外资准入门槛，鼓励国内、国外市场化竞争。从2018年以来，国家发展改革委和商务部连续3年发布《外商投资准入特别管理措施（负面清单）》，到2020年全国负面清单从原来63条缩减至33条，压缩比例接近一半。2019年3月，十三届全国人大二次会议通过的《中华人民共和国外商投资法》（以下简称"《外商投资法》"），是我国历史上第一个全面系统的外资立法，也是一部外资领域新的基础性法律，为新形势下进一步扩大对外开放、积极有效利用外资提供更加有力的制度保障。降低外资企业准入门槛对行业高质量发展有着一定的促进作用，但当前市场竞争的激烈程度也将进一步加剧，本土企业更需要找准自身核心竞争力，在行业中脱颖而出。

我国长期以来采取的是条块分割式管理，导致与国际市场脱轨。近年来行业主管部门持续鼓励工程组织模式优化，大力推行的全过程工程咨询、工程总承包、建筑师负责制三项改革，从不同维度来解决工程建设中的各种难点、痛点，以提高工程建设品质，为中国企业参与国际竞争做好储备。2019年9月商务部、国家发展改革委等19部门发布《关于促进对外承包工程高质量发展的指导意见》，分别从加快形成对外承包工程发展新优势，加强对外承包工程的促进和服务，完善对外承包工程的监管和保障，以及组织实施四方面加强宏观指导，促进对外承包工程高质量发展。引导有实力、有条件的工程设计咨询机构开展国际化经营，积极参与境外项目的勘察、规划、设计、咨询、造价、监理、项目管理等，加快与国际接轨步伐，不断提升国际竞争力，推动对外承包工程发展向产业链高端延伸，促进我国从对外承包工程大国向对外承包工程强国转变。

与此同时，随着全过程工程咨询理念的不断深入，我国也在鼓励设计咨询类企业走出去。2020年10月30日，国家国际发展合作署发布《对外援助项目咨询服务单位资格认定办法》。援外项目通常是企业走向国际市场的第一步，呈现高利润、高门槛的特征。政策专门针对设计咨询企业，除行业甲级及以上设计资质和工程咨询甲级以上资信的硬性资质要求外，不用企业投融资，无疑是降低了咨询企业援外项目的准入门槛。

2021年1月4日，商务部等19部门联合发布《关于促进对外设计咨询高质量发展有关工作的通知》，以商务部一号文的形式下发，将设计咨询行业走出去提高到前所未有的高度。该文件出台的背景实质是全球遇到了债务高企的问题，在此情况下让中国的咨询企业能够走出去。另外，该文件中对对外设计咨询业务的定义，并不是定位为传统的设计或者咨询，而是从全过程咨询的角度，提出开展相关的规划咨询、勘察设计、造价监理、项目管理和运营维护，真正与国际接轨。此外，在指导原则方面，明确提到了按照商业的原则，意味着企业要从商业的原则进行商业模式的创新。在发展重点方面重点提出两点内容：一是发展模式，从全过程咨询的角度走出去；二是以设计标准先行、标准联通的模式走出去。

3

设计企业发展困扰

当不确定性成为一种新常态

当前处在一个易变性、复杂性和模糊性的时代。工程勘察设计企业不再有既定发展路径，复杂多变的环境所带来的市场需求、业务模式以及管理理念的新变化在"十三五"时期已有所显现，发展的不确定性在增加，并且在"十四五"时期将持续放大。"十四五"时期行业发展运行轨迹充满未知，行业拐点是否会到来，下一个市场空间在哪里？没有企业敢说自己已经百分之百准备好迎接未来的巨变，但是承认不确定性已成为常态是企业认知未来的基本前提。

不确定性意味着风险。过去工程勘察设计企业每走一步总是有迹可循，存在类似或者相仿的标杆企业学习借鉴，接下来企业需要在看不清未来的道路上持续摸索，寻找新的出口。在此过程中需要经历对市场需求变化的迷茫，对游戏规则改变的不适应，对自身能力不足的焦虑，对新旧业务的取舍，这些挑战倒逼企业深化变革、敏捷应对，在下降的过程中"长出翅膀"。

不确定性同样也意味着创造，新市场、新模式、新技术催生出无限可能，不同规模、不同类型、不同行业的企业处在同样的商业生态环境中，由于各家在资源能力集聚程度不同、对细分市场的洞察切入点不同以及发展诉求不同，企业定位正在从"行业、地区"二元象限转向"细分客户、服务模式、资源要素"的三维空间，呈现差异化的发展路径，行业多样性特征正在加速呈现。

谁也不知道如果没有新冠肺炎疫情的暴发,行业将会以怎样的姿态收官"十三五"。处在极其复杂多变的时代背景之下,更多的"黑天鹅事件"将会不断发生,后续产生的影响既是教训更是前进的动力,成功的企业往往能够在不确定性中找到确定的力量,抓住机会实现弯道超车。

设计企业多元形态共存

工程勘察设计行业企业存在形态大致分成三个阶段,初期行业市场化程度不高,企业性质作为企业重要标签,划分为民营企业、国有企业以及外资企业。过去数十年间参考国外企业发展轨迹,工程勘察设计行业大致分成三类:一类是以精专特色化发展为方向,注重方案设计的建筑设计事务所;一类是聚焦工程设计、咨询环节并提供专业技术服务的工程设计咨询公司;还有一类是以做大做强为目标,以工程总承包模式为主导的工程公司。

当前市场空间、业主需求发生深刻变化,企业资源能力也存在明显差异,随着外在环境不确定性不断增加,行业将进一步分化,衍生出更加多元化的企业生存形态,出现平台公司、城市服务公司、技术公司、产业策划公司、设计工厂、工程公司、综合方案解决商等发展新形态。这些形态似乎看上去与传统意义的设计企业关联性不大,但在多重资源要素流动的市场下,行业正朝着以产品化升级、以差异化制胜的发展逻辑演进,全新的发展形态将呈现新的生机。

不同的存在形态源自于企业不同的长远发展目标。如企业聚焦规模化发展考虑将朝着打造大型工程公司的方向发展,区别于上一阶段工程公司的定位,未来设计企业转型工程公司需要在产业链上凸显设计价值,整合智能化、全过程服务等独特优势,打造特色化的产品,由此带来向工程公司转型的差异化发展路径。另有部分企业着眼于追求高附加值,将催生更多的探索路径,包括:推进产业转型升级,将发展难题转化为项目落地的智库型的专业策划公司;以技术创新驱动服务产品化的技术型公司;面向专项市场提供全生命周期的服务,探索价值运营的综合解决方案提供商。同时,还是会有些企业以生存作为第一要义,通过不断标准化提升设计效率打造成为设计工厂。正是出发点不同带来企业发展路径的分化,最终造就不同类型的企业。

并购重组加速,产业秩序重构

后城市化、后全球化、后工业化以及数字化等时代特征正在对行业造成潜移默化的影响,融合型需求与日俱增,投融资模式、建造方式、生产方式以及建设组织模式都在发生根本性变化,产业秩序正在重新建立。以市场需求所驱动的个性化定制、智能制造、从产品向服务转型等为代表的产业升级也正在加速演进。产业竞争格局正在从"金字塔"结构向"哑铃型"结构转型,更多的市场参与者以全新的商业思维模式、全新的资源禀赋、全新的运作模式加入其中。市场需求的不确定性、资源的无边界特点、人力资源的市场化流动与价值诉求多元化、多边立体的价值网络要求等趋势日益凸显。

从外部市场方面来看,生态呈现融合化趋势,行业与行业之间、行业与产业之间、企业与企业之间的融合趋势进一步加强。竞争更加立体化,从过去单一的产业链上的竞争到多维度的竞争;市场更加细分,从同质化发展进一步向差异化发展转变。从业务创新需求方面来看,产品垂直化、服务精细化与业务多样化,从服务客户到用户延伸,价值扩张,立足于全生命周期,更加注重以解决问题为导向的集成化服务的供应。

过去高速化、规模化、封闭式、同质化的增长,对于行业而言,是一场暂时取得领先的上半场比赛。面对未知的下半场，行业边界逐渐模糊，产业发展导向日益凸显，市场竞争更为复杂，品牌、商业模式、技术、资本等新元素带入市场竞争，与传统关键要素之间融合，促进了工程建设领域相关的各类型企业之间相互渗透协同。过去设计企业的发展更多的是依赖内部力量的升级，但是面临着能力的局限性，面向未来，要与行业、相关产业建立更广泛的资源链接，兼并收购、重组整合不断上演。"十四五"时期资源要素流动更加频繁，跨行业、跨产业以及不同要素资源的交汇融合建立起价值网络，创新发展模式，这将会引发行业布局的深度调整。

过去外延式的资源整合突出强强联合，工程勘察设计企业之间横向并购整合是主流，尤其是上市设计院常常大规模并购同类型或不同领域的设计咨询公司，而当下受资本市场低迷的影响，这一态势有所放缓，并通过更为灵活的方式实现资源协同，如招募整建制团队、开设合资公司等。

产业链上资源整合的力度有所加大，住房和城乡建设部在2019年末出台的《关于印发房屋建筑和市政基础设施项目工程总承包管理办法的通知》提出了"双资质"的要求，这直接改变了很多从事房屋建设和市政基础设施建设企业的业务模式，施工单位忙着建立自己的设计院，或者通过收购兼并的模式控股高水平的设计公司，而规模比较大的设计院以同样的方式获得施工总承包的资质或者控股施工企业，两者在产业链的顶端相互融合。可以想象的是在不久的将来，工程总承包业务所需的关键人才或团队资源争夺将进入白热化，无论是施工企业还是设计企业都会通过兼并重组的手段补短板，从而整体提升工程总承包业务竞争优势。行业中也将很快通过融合而出现真正的工程公司，具备很强的设计咨询能力，同时也具备很强的工程施工和工程管理能力。

除此之外，外部环境快速变化也让重组整合步伐不断提速。新技术更新应用加速行业重组融合大势。一个行业再传统独特，总会被时代的浪潮推着往前赶；一个产业再难跨界融合，总有一些"推浪者"率先撬起一角去主动"拥抱"。新技术的发展浪潮势不可挡，同时也将加速行业"旧势力"的瓦解。新冠肺炎疫情的暴发让设计企业真正开始正视新技术的重要价值，如线上虚拟现实、网络协同、人工智能、大数据等，新技术让企业之间、产业之间的组织边界进一步打开，让组织能力走向开放，将会带来企业商业逻辑的相应调整和优化，推动新技术和原有工程设计行业的资源进行碰撞和对接，带动竞争格局重构。

新的产业秩序下，要素流动融合加剧，设计企业需要借势推动生产效率提升，更需要突破内部竞争，从底层出发构建创新发展变量，以场景化、产品化、数字化推动创新升级。

企业管理理念落后于时代发展要求

公司经营理念对于外部环境的适应更新不及时。行业内很多企业的公司经营理念没有及时更新，难以适应变化加剧的市场环境。过去由于行业发展阶段性特点等方面原因，很多企业的领导往往会相信关系营销的重要性，但是随着市场开放性逐渐加大，市场需求的升级、市场竞争逐渐加剧，关系营销的作用会越来越小，业主越来越看重企业的技术实力、服务深度、服务模式和品牌效应等，因此传统的经营理念逐渐失去效用。

现在一些企业的经营管理者实际上是脱离市场的，对市场变化的认知严重滞后和不足，经营理念和经营意识落后于市场发展。更进一步，在争取项目的过程中会发现，市场竞争更加激烈，竞争对手更加多元。因此，越来越多的业主，对于设计企业能够提供的服务价值需求和过去相比有较大差异，这需要设计企业真正去关心和重视市场需求的变化。

面对新的外部变化，一些企业出现了战略和组织的双重老化。战略是一种动态变化的过程，是深度思考，面对不确定环境适应性的结晶。战略的老化是指很多企业仅仅将"战略"二字作为一个概念和名词，并没有去挖掘背后动态变化的内核，往往停留在规划甚至是计划层面。组织的老化更加直观。过去组织的出发点是任务导向型的，是解决任务分配，核心是权、责、利的分配，在如今动态变化的市场环境下，需要解决内部有效的协同整合、需要解决面向新需求的内外部资源整合、需要解决面对客户市场变化的敏捷反应，否则更难以解决内部组织赋能的提升。

公司治理存在缺陷。从一般意义上说，公司治理是解决股东会、董事会、经营层关系的制度安排。对于工程勘察设计企业而言，作为智力密集型企业，除了上述制度安排之外，还需要有效解决出钱者和出力者之间的关系问题。很多企业组织老化往往是股东之间出现矛盾，股权结构难以跟上时代发展需要。合伙人风险也是设计企业需要思考的重点，合伙人模式在西方非常成熟，但是对于设计企业而言，合伙人模式按理说是一种非常好的模式，但是对于目前而言，风险比较大。西方谈论合伙人的前提在于价值观理念一致，大家为共同的目标和事业奋斗，而国内一些企业的合伙人的核心是解决分钱、分利的问题。

管理"度"的把握不到位。管理是需要严格还是人性化，以及制度化与人情化的拿捏，这方面尺度的掌控给企业管理者不断带来困扰与挑战。市场环境的变化导致过去的关系营销、资质营销的作用愈发羸弱，企业管理对企业经营发展的重要性日益凸显。但是目前行业内很多企业的管理精细化仍然存在诸多问题，用力偏差和用力过猛都会带来一系列问题。这里最深层次的原因在于企业管理的体系并没有随着企业规模的提升而相应改进、革新。有些企业长期不重视管理，一旦开始重视，由于体系无法支撑制度的改善，往往会用力过猛和过于理想化，结果都不会太理想。此外，在有效管理方面，管理张力也成为当前面临的管理困境之一。

第二部分
布局未来

∨

不稳定性、不确定性正在持续加剧企业发展生态的系统性变化，过去的经验和散点上的探索正在呈现边际效用递减，行业内企业亟待通过一场"大重构"重新架构企业的运营底层逻辑，从而朝着更具韧性和可持续性的未来迈进。

拥抱变化、拥抱时代的内核是自我的有效反省、自我的切实否定，需要企业去理性审视过去的成功经验，去理性审视传统的思维模式，需要革新发展的思维、运作的逻辑。面对新环境下萌生的机遇，倘若企业还用过去的发展逻辑去思考应对，往往是难以奏效甚至南辕北辙，从而，发展道路可能会越走越窄。如何重启自身系统、激发发展的新动能，是每家设计企业无法回避的命题。

企业更加需要以"赢在未来"的思维革新战略理念，从"规模导向的增长思维"转向"可持续导向的生长思维"，建构"生长型战略"。确立新的生长观、技术观、资源观以及治理观，去重新审视、界定、明晰企业发展的战略焦点、重点问题。

面对深度不确定性，企业需要建立新的逻辑来审视、架构企业的发展图景。明确更精准的发展定位，面对多元发展形态，有效勾勒企业在生态链中的占位以及核心能力；寻求更可持续的业务体系，能够有效建构场景产品链接需求侧，打造符合自身资源能力条件的价值创造；架构更广泛的市场布局，从条块分割走向协同融合；优化革新组织体系，强化赋能，提升组织效能。

赢在未来，需要把握现在。企业应在不断创新探索中自我迭代，打破经验主义路径依赖，重新界定和架构适应未来发展的更精益的管理体系、更开放的资源体系、更良好的治理体系、更匹配的能力体系。

4

面向未来思维革新

新的制胜逻辑——生态位

从业务角度来说，设计单位业务层次越来越清晰。过去行业条块明确、业务模式同质化，形成了以区域、行业为界限的业务分类，未来行业的业务发展将呈现出"专业化、一体化、集成化、系统化、垂直化"的发展趋势。企业之间从竞争到共生共赢，随着市场化程度的不断加深，有些业务靠一家单位来完成变得十分困难，需要思考如何真正建立互生共赢的产业生态链。

商业生态系统是围绕核心产品和服务形成的，商业生态系统思想的核心表现在两个方面：一是否认了企业之间全是"你死我活的斗争"，而是共同发展、相互依赖、协同进化；二是企业间竞争已经扩展到不同商业生态系统之间的对抗（见图4-1）。

生态位是商业生态系统的重要概念之一，企业生态位是指企业生存和发展所需的所有资源的总和。企业在商业生态系统中可以占据不同的生态位，生态位的重叠会导致竞争。因此，企业必须发展与其他企业不尽相同的生存能力和技巧，找到最能发挥自身作用的位置，实现企业生态位的分离，成功的企业将会是那些能够找到属于自己生态位的企业。企业生态位的分离不仅减少了竞争，更重要的是为企业间功能耦合形成超循环提供了条件。

构建共生的商业生态体系，依据自身核心竞争力占据"生态位"，不

政府：发改委、国土局、住建部
支持组织：投资者、行业协会、专业院校、专家学者

扩展组织：　培训认证

工程建设生态系统

项目管理（PM）

全生命周期继承整合服务（PPP、BOT）

| 投资 | 规划 | 设计 | 采购 | 施工 | 安装 | 运营 | 改造 |

设计一体化

工程总包（EPC）

猎头与劳务外包

竞争组织：其他工程公司、专项设计公司等
其他："一带一路"、大数据、物联网等

测绘企业　民航　电力　勘察企业　技术外包服务
价值　运行管理　海洋　市政　顾客
主张　产业发展研究　投资　顾客的顾客　价值
运行维护　水利　冶金　铁道　水运　交通　区域发展研究　电子商务
管理咨询

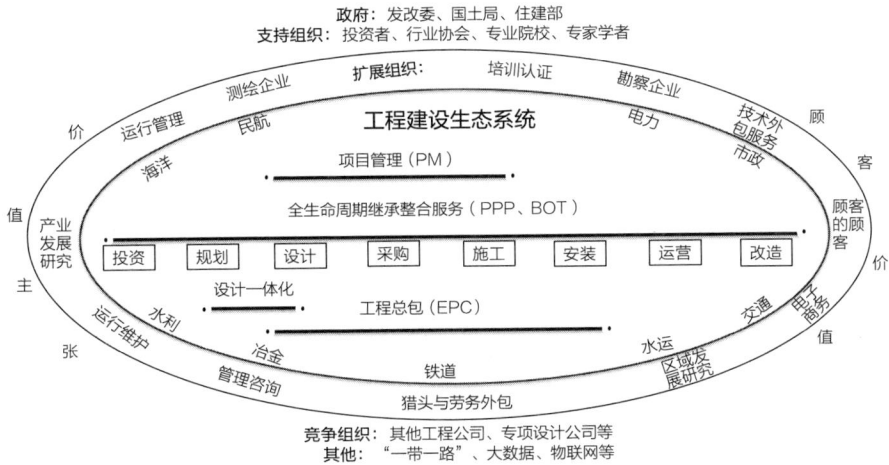

图4-1　工程建设商业生态系统

仅是行业内企业抢占市场热点的主动突围，更是立足城市与产业融合发展新商业生态的积极布局，将有助于工程勘察设计企业实现从项目式盈利向产品化、产业化的规模化盈利模式的创新转变。

与传统价值链视角下低成本、差异化、集中化的竞争战略选择不同，基于商业生态系统思维的竞争并不排斥合作。工程建设企业以往的策略往往是补足短板以进行竞争；而在商业生态系统视角下的策略则是扩展长板，在工程建设商业生态系统中占据生态位优势，并利用长板与其他企业进行合作。

立足生态位的建设，设计企业以产业全过程视角推进垂直服务产品体系建设，朝着"集成整合服务商"的定位迈进。以医养产品为例，工程勘察设计企业需要兼顾投资决策、空间布局，并且将金融、文化、社区等元素考虑其中，绝不是传统延伸发展模式下多环节服务的叠加，而是一种系统集成，涉及面向产业全过程的策划设计、资源整合管理、数据资源挖掘以及服务创新等多线条服务统筹，涉及产业生态企业多样性。设计企业在

43

整个产品生态中发挥咨询服务特长，在前期策划中为后续运营提供咨询服务，同时能够整合多环节、多领域资源，提供综合服务。

新的发展逻辑——链接与共生

在新的商业生态下，企业发展的规则将发生变化，从过去的竞争关系向竞合关系转变。"链接"与"共生"，将是未来工程勘察设计企业重要的生存法则。企业的资源体系也将被重新定义，未来的竞争将是商业生态系统之间的竞争，工程勘察设计企业通过有效链接、信息共享、充分协作和资源整合，摆脱原有产业链割裂、孤立、低效的问题，方能形成协同进化的完整、高效的商业生态系统来应对未来的竞争，并实现可持续的共同发展。

为了更好地实现链接与共生，未来设计企业应运用平台化发展思维创造新机制，实现"去中心化""去中间化""去边界化"转型，进而以平台化思维与共赢理念布局资源，构建好生态关系，把握未来发展的主动权。

以数据驱动精益运营，夯实资源共享与链接功能的支撑作用（技术、客户、数据、资金、专家等），构建赋能型总部、自驱动型业务运作机构。从过去的强管控思维转为价值赋能，建立生态链中的价值节点，通过价值节点的延伸，实现生态之间价值的链接。

以多种形式的事业合伙机制，拓展更为广泛的价值共创伙伴圈（其中包括内部员工、外部合作伙伴）。打破企业内部纵向决策、横向分工的组织体系，由公司建立支持平台，在平台上以合伙人牵头建立业务团队，公司的角色由领导者变成支持者和辅助者，提供技术、人事、生产资料等支持，实现生态圈共建。

以市场化协同机制促进内部资源间、内外部资源间的有序、持续协同，打造面向客户价值的去中心型、网络化协同组织，更好地实现共生与链接。利用互联网技术改造原有的工作平台，增强人力资源的开放性和自由化，构建内部商业市场化的工作平台。在内部创业平台上实现内外部资源交汇，设计企业可通过大量开发外部社会资源实现工作目标，打造更广泛的生态链接。

面向未来，唯一能确定的就是不确定性将会给行业发展带来巨变与挑战，但同时也将带来巨大机会，这种机会是行业真正回归本源、顺应时代的一种重大抉择。

新的价值逻辑——运营型增长

过去的上半场，对于设计行业而言，发展动力主要来自"资本"型的增长，但是进入下半场，行业收入将主要源于"运营"型增长。

市场空间从增量走向存量，行业的"战场"转移也带来价值逻辑的改变。随着经济高速增长阶段的结束，传统产业的规模化扩张时代基本结束，通过规模扩张来创造价值的模式已经一去不复返。未来，工程勘察设计企业要思考的问题是如何提升产业价值链和服务产品附加值，实现向价值链高端的转移，以全新的视角思考自身生产模式、管理模式、技术创新模式、商业模式等，重构价值体系。

过去企业的转移、转型还是转场发展，基本延续了"一业为主、两头延伸"的发展思路，进行区域市场的拓展发展、产业链条上的前后延伸或者跨行业的平面式业务拓展，或是基于规模化扩张，以"资源型消耗"为主要增长方式。在新的环境下，企业业务模式创新探索转型理念和逻辑，基于价值可衡量、价值创造、价值服务的"设计+"的服务创新思路，以"资源运营"为基础探索新的商业模式，实现发展的"长期主义"。

以我国城市建设发展为例，随着国家对特大城市、超大城市永久性开发边界的划定，城市空间发展的硬约束逐步形成，北京、上海、深圳等一线城市将面临规划建设用地总规模的"零增长"。

我国城市建设已进入城市发展新阶段,从注重物质空间的"增量时代"进入到全面发展的"存量时代";从传统的物质层面、拆旧建新形式的城市更新,发展到反映新时代要求、承载新内容、重视新传承、满足新需求、采用新方式的城市有机更新的新阶段。

传统的城市设计更加关注前端静态设计,未来城市更新需要扩展产业链跨度——从建设项目策划、设计、构筑到运营、管理的全过程。同时,基于城市更新下的城市建设与治理是一项复杂的系统性工程,在公共服务、生活和生产等多个领域都需要结合特定的场景提供定制化服务,这些恰恰是未来价值的集中体现,尤其是城市更新改造等存量市场存在巨大的运营管理需求,向城市运营管理端布局成为设计企业的必然选择。

杨书平　中信工程设计建设有限公司/中国市政工程中南设计研究总院有限公司　总经理/党委书记、院长　访谈

应基于客户价值、生态思维两个维度来思考未来的发展

当前,企业竞合关系发生变化、客户需求发生重大转变、信息技术对行业产生重大影响。业内企业确实需要改变发展理念和经营思路。我认为,可以从两个维度思考未来的发展。

一方面,企业要思考自身对客户的价值、思考总部对分支机构的价值。除了工程设计、全过程工程咨询和工程总承包,我们还可以在投融资阶段的产业规划、项目策划、专项评估,以及后期运行维护等阶段创造价值,满足客户和用户的综合性、一体

化、个性化的需求，迭代升级价值创造能力。同时，企业总部还应该从管理向赋能转变，构建灵活的前台、坚实的中台，在战略客户维护、人才培养、技术研发等方面支持生产经营机构探索新业务、高质量完成工作任务。

另一方面，企业要树立生态思维，广泛建立资源链接。目前，行业内外企业的融合加剧，资源和产业的边界约束条件发生了变化。华为和百度阿里、腾讯等互联网企业以及众多投融资机构大举进入城市基础设施领域，施工、监理、咨询企业之间的联系越来越紧密，这些共同构成了大生态圈，因此需要从建立网络生态链的角度来看待行业未来的发展，构建、优化与合作伙伴的生态关系，相互推动生态的繁荣，营造共生、互生、再生的商业生态圈。

"十三五"时期企业培育了全国化、一体化、科技创新、人才储备等方面的竞争优势

全国化的市场布局优势。以国家战略为导向，大力拓展京津冀、粤港澳大湾区、长三角地区、雄安新区、成渝城市圈、海南自贸区等国家重点区域，在全国31个省市自治区设立有40多个分支机构，多数分院已经成为当地基础设施建设的重要力量。

一体化的业务体系优势。在给排水、道桥、燃气、热力等传统优势专业基础上，又成立桥梁设计院、隧道与地下空间院、建筑园林设计院、交通规划设计院、城市规划设计院、固废专业设计院等专业院，形成了市政、建筑、交通、规划和水利等多行业协调发展的业务结构。成立了工程管理部、安全监督部、项目管理中心等部门，搭建了与工程公司相适应的组织体系，能够满足

客户综合性、跨阶段、一体化的全过程工程服务需求。

全方位的科技创新优势。设立了水环境、海绵城市、水体治理和土壤修复等工程技术中心，重点研究解决工程建设中的难点问题。设立BIM、智慧水务和智慧交通等研发中心，布局数字化技术研发。搭建院士专家工作站和博士后科研工作站等多个创新平台，开展前沿领域的技术研发。

多层次的人才储备优势。凝聚和培养了一批人才，形成了由行业领军人才、技术创新人才和复合型经营管理人才构成的高素质人才队伍。现有员工2200余人，其中教授级高级工程师和高级工程师等行业专家600余人、各类注册工程师700余人、获评国务院和省政府等政府称号的专家37人、全国工程勘察设计大师1人。

"十四五"发展以业务服务产品化、市场布局深耕化、运行管理精益化、前行驱动融合化、发展模式生态化为方向

"十四五"时期，将聚焦新型城镇化、乡村振兴以及区域发展等国家战略，以水务环保和市政交通为核心，以业务服务产品化、市场布局深耕化、运行管理精益化、前行驱动融合化、发展模式生态化为方向，构建平台化生态化组织体系，推动经营升级、资源升级、管理升级，促进盈利模式和发展模式的转型，建设成为"国内领军的城乡建设全过程工程服务供应商"。

一是适应新发展阶段的要求。党的十九届五中全会提出，"十四五"时期经济社会发展要以推动高质量发展为主题，统筹推进基础设施建设、加快建设交通强国、完善新型城镇化战略、加快数字化发展等目标。从拓展业务广度看，将构建面向基

础设施、生态环保、新型城镇化、生态文明等城乡建设领域的综合业务服务体系，全面推动各项业务发展，服务国家战略，适应新发展阶段。顺应城市发展新理念、新趋势，助力城市品质提升和人居环境改善，顺应智慧城市建设新需求，发挥勘察设计企业核心专业的技术优势，以市场化为导向，以场景为基础，以客户的痛点为突破口，推动商业模式和盈利模式升级。

在城市品质提升和人居环境改善方面，坚定落实"精明增长""韧性城市"的城市发展理念，改变传统基础设施建设"摊大饼""拼积木"的粗放建设模式，在规划、设计和建设过程中，不断丰富基础设施功能+人文+科技、传承+未来、生产+生活+生态的多重内涵，探索基础设施建设商业变现的可能性，提高城市发展的宜居性和可持续性。例如，当前正在实施的深圳固戍水质净化厂二期工程总承包项目，项目规模32万m^3/d，投资12.4亿元，采用三层覆盖半地下式结构，顶层建设市政体育公园，二层建设停车场，底层为操作层，单层面积约62800m^2，该项目将被打造成为"中国特色社会主义先行示范区的示范工程"，被打造成"绿色、生态、智慧、人文、高质量"的水务设施，被打造成"邻里中心、能源中心、资源中心"，被打造成市民打卡的网红地。

从延伸产业链长度来看，将围绕客户需求向项目策划、工程总承包、全过程工程咨询、运营服务等全产业链发展，构建为客户提供一揽子解决方案和定制化服务与产品的能力，满足客户一体化服务需求。从提升发展深度来看，我院将以"云管理、云设计、云业务"为转型发展的核心抓手，加快研发数字化产品、发展数字化业务和提升数字化管理水平，主动适应数字化转型要求，提高发展质量。

研发推出了"中信智慧水务云平台"，该平台以BIM技术为支撑，利用大数据、云计算、物联网、人工智能、数据挖掘等信息技术，选择"加药"和"曝气"两个场景，基于大数据和神经网络算法开创性地建立"前馈+模型+反馈"的多因子智慧曝气控制方式，相比常规曝气控制方式可以省电15%。此外，该平台在生产、运行、维护、调度和服务等环节实现了全方位、全过程信息互联互通，能为厂站运行、管网调度、雨洪水应急管理、河流湖泊湿地监测等提供综合服务，能够实现水务全流程、全方位、全功能的智慧化管理。该平台已经在武汉江夏污水处理厂运行近两年时间，经湖北省技术交易中心鉴定，整体达到行业国际先进水平，曝气模型及BIM信息融合达到国际领先水平。

二是贯彻新发展理念的要求。"十四五"时期，将通过建立区域总部创新发展模式，拓展数字化业务创新商业模式，打造生态组织创新管理模式；通过"强弱项、补短板"，补齐专业短板，促进各专业协调发展；深耕传统市场，积极开发空白市场，深化全国化市场布局，促进区域市场协调发展；坚持"绿色策划、绿色设计、绿色施工和绿色运维"的可持续发展理念，把"绿色"贯彻业务全过程；广泛建立资源链接，构建与合作伙伴的生态关系，与生态内企业共享价值，推动发展成果由员工共享。

三是服务新发展格局的需求。在新发展阶段下，国内市场主导国民经济循环的特征会更加明显，经济增长的内需潜力会不断释放，国内超大规模市场优势将充分发挥。"十四五"时期，将聚焦粤港澳大湾区、长三角一体化、成渝城市群、海南自由贸易港等区域发展战略，通过优化组织结构、整合资源等方式，进一步完善全国化市场布局，创新协同经营体制，优化资源配置，加强国内市场开拓，同时保持对国外市场的实时关注，努力提升国内市场影响力和行业地位。

中南市政院工程总承包业务实现跨越式发展，主要得益于战略、组织、项目管理、绩效考核等优化调整

"十三五"初期，中南市政总院确定了"工程公司"的战略定位，明确了工程总承包的发展方向，经过五年的发展，工程总承包业务累计新签合同额190亿元，年均增长率51%，工程总承包业务营业收入年均增长率62%，企业转型发展成效明显，得益于以下几个方面。

一是坚持战略引领，明确发展目标和思路。"十三五"初期，我们提出了"国内领军、国际知名的工程公司"的战略定位，明确了以市政工程为核心，以设计业务为龙头，以工程总承包为重点的发展思路，发展工程总承包业务在全院形成广泛共识，并从业务层面、组织层面、资源和能力层面系统规划了工程总承包业务的发展目标和具体举措，确保了转型目标的切实有效实施。

二是全面优化组织架构，为转型提供组织保障。为发展工程总承包业务，按照项目全过程管理要求，重点完善了以项目管理为中心的组织架构，设置了市场经营中心、项目管理中心、工程管理部、科技质量部、安全监督部等部门，成立了工程总承包市场开拓专班，明确各部门职责，形成了企业决策管理层（企业领导、职能部门）管总、项目部主战、设计院和专业院所主建的三

层管理与执行体系，实现了设计与工程总承包业务的有效协同与一体化管理，更好地发挥了设计在工程总承包业务中的龙头作用。

三是完善项目管理体系，提升项目管理水平。为响应工程总承包业务快速发展的需求，以项目管理为核心，梳理项目管理流程，建立了项目投标、采购、分包、设计、施工、内部协同管理、合同管理、质量管理、风险管理、安全生产、绩效考核和奖金分配等多项系统性管理制度与程序文件，规范项目的全过程管理，严控项目风险，持续完善工程总承包项目管理体系，提升项目管理水平。

四是优化绩效考核体系，强化激励作用。将绩效考核嵌入项目管理全过程，科学系统制定了包括生产经营、技术质量、内部管理、党建与企业文化建设4类考核指标，建立并持续优化以利润为中心的绩效考核体系，充分发挥绩效考核"指挥棒"的作用，提高设计院所在总承包项目中的提奖比例，激励设计院所开展工程总承包业务。

"十四五"时期，将围绕扩大规模、提高效益主线发展工程总承包业务

一是工程总承包业务的市场开拓。市政工程总承包市场远不如勘察设计市场成熟，很多省市对设计牵头的工程总承包还不太认可，因此工程总承包市场开拓是巩固和扩大转型升级成果的重点工作，将常抓不懈。

二是项目管理体系的迭代升级。勘察设计企业向工程公司转型的起步阶段，依靠一个团队可以成功运作一个项目，但是随着转型的深入，企业的持续健康发展必须依靠一套适合自身的项目

管理体系，包括投资、质量、安全、合同、风控等子体系，从机制上保证行稳致远。

三是数字化给工程总承包业务赋能。当前已经完成了BIM施工协同管理平台的研发并成功运用于多个项目，对提高项目管理水平起到积极作用。"十四五"期间，将以智慧工地建设为重点，利用数字化手段提高智慧化管理水平，提高项目经济效益。

探索"区域总部+分院"运作模式的重要尝试，旨在增强企业资源配置能力，提高响应用户需求的能力

一是紧盯国家战略，超前谋划布局。深圳、珠海、汕头等分支机构，是随着经济特区的成立而成立的。上海、南京、杭州等分支机构，是随着浦东新区和长三角城市群的发展而成立的。当前，国家区域发展战略做出调整，随即成立粤港澳区域中心、长三角区域中心。这既是融入国家战略的发展策略调整，又是30多年经营模式的迭代升级。市场经营能力不是一蹴而就的，而是长期积累、适时调整的。

二是加强顶层设计，统筹协调推进。从企业转型升级和高质量发展的高度出发，筹划布局、配置资源，系统规划区域中心的功能定位、组织架构、管理方式、协同机制、人才配备等，统筹考虑区域中心与总部的职能差异、区域中心与设计院所的协同、当前市场变化与未来发展方向等问题，强化顶层设计，统一思想认识，组织实施推进。

分支机构具有快速响应市场变化、深入洞察和挖掘客户需求、现场服务能力强和敏捷性强等优势，但也具有各自为战、管

理被动等问题，尤其是对于跨行政区域、跨流域的大型综合性项目，分支机构的服务能力还不够。展望未来，将从以下两个方面优化提升分支机构管理。

一是优化组织结构。建立区域总部等市场片区的协同机构或矩阵式组织结构，持续优化总部与分支机构的职能定位，对其组织架构、职能职责、制度体系等进行价值重构，激发分支机构的经营、管理活力，使分支机构成为开展生产经营业务、开发培养人才队伍的主体，提高分支机构的经营效率、积极性和主动性，实现总部与分支机构的战略协同、业务协同和资源协同。

二是提高总部赋能水平。以赋能为导向，以提升管理能力为主线，持续加强总部项目管理、生产经营管理、风险管理、财务管理等能力建设，加强人才培养与人才梯队建设，持续优化信息系统和决策支持系统建设，打破因空间距离导致信息滞后或不对称的管理屏障，构建价值型总部，充分发挥总部管理平台作用，提高对分支机构的赋能水平。

未来内部管理提升以及业务创新离不开数字化支撑

一是以业务数字化为牵引，实现企业产品化升级。基础设施建设领域的客户正在从单环节、专业技术需求向一体化、全生命周期的综合性需求转变，传统的技术咨询服务已很难满足客户需求。同时，客户、合作伙伴有意愿和能力参与项目建设全过程，工程勘察设计企业在打造产品时，需要更加开放、无边界的合作和交互。BIM技术，作为新一代技术与工程建设行业结合的衍生品，是一个多主体可以共同参与的平台，能贯通设计、建造、运营等工程全生命周期。业内企业必须进一步加大BIM技术的研发、应用，朝着产品化的方向进行业务升级。

二是以数字化产品为突破，实现企业商业模式优化。勘察设计行业的数字化产品，我认为应该从运维的角度出发，适应智慧城市的建设需求，发挥勘察设计企业核心专业的技术优势，以客户的痛点为突破口，研发和推出水务、交通、能源等领域的智慧化解决方案的数字化产品，培育企业新的利润增长点，改变勘察设计企业单纯技术驱动的商业模式。数字化产品突破要做到以下三点：一是选择企业有强大的技术积淀的专业领域，二是组建一支熟悉数字化产业运行规律的专业人才团队，三是搭建专门的、独立的"数智"组织机构。

三是以管理数字化为基础，提升管理精细化水平。数字化转型并不单单是技术转型，更需要企业内部运营管理模式的转型与创新、企业领导力的转型以及决策模式的创新。这些转型必须依靠强大数据分析和数字化辅助决策，必须依靠数字化的管理平台支撑。其中，知识管理平台、EPC项目管理平台、设计项目管理平台，以及贯通各类生产经营业务和职能管理的业财一体化系统至关重要。这四个管理平台的数字化建设能够进一步强化企业总部的中台赋能水平，从而有力地支撑生产部门和项目部开展生产经营活动。

案 例
设研院成立交通研究智库为业务赋能

河南省交通规划设计研究院股份有限公司（设研院300732）成立了新型智库"河南交通运输战略发展研究院"（以下简称"战

略院"），计划通过3年时间，形成涵盖经济、管理、交通、城建、环保等跨专业的综合性研究团队，为新基建时代交通运输实现跨越式发展、转型升级提供智力支撑和人才支撑。

基本定位

一是服务于国民经济社会发展大局，立足交通运输领域，逐步成为发展改革、交通运输等主管部门，以及各级政府的参谋智库。

二是不断拓展"交通+"，对社会需求强烈、政府和社会密切关注的重大课题开展研究，提出解决方案，为社会发展和政府决策提供前瞻的理论基础。

三是从设研院自身需求出发，为确立公司行业地位，提高公司影响力，把握公司发展方向，对国家宏观政策和行业发展趋势深入研究，为公司向更广阔的领域和方向可持续发展提供决策依据。

工作机制

一是以智库型思维模式，不断学习调研，实时把握国家政策动向和行业发展趋势，主动谋划具有前瞻性的研究项目，为后续市场化生产项目做好铺垫。形成主动前瞻研发、占领市场先机、增加公司营收的经济循环系统，全面巩固提升设研院的行业地位和市场占有率。

二是为指导战略院研究方向，评判研究成果，设研院成立了河南交通运输战略发展研究院项目评审委员会，负责对战略院研究项目进行立项认定、成果评估等。

三是与同济大学中国交通研究院等智库机构开展长期战略合作，共同成立交通发展研究中心，同时与国内外领先研究机构及知名院校积极联系，不断开展技术交流合作。内部战略院作为交通运输战略发展研究的平台，根据专业需求，可与各相关生产单位共同组建项目组，完成项目研究。

工作成效

在服务政府方面，研究支撑能力持续增加，智库价值逐步体现。除了每年完成年度《河南省交通运输发展报告》外，还完成了《郑州都市圈交通一体化发展规划（2020—2035年）》《河南省无水港暨多式联运国际物流中心发展规划研究》《河南省绿色低碳交通运输体系研究》等多个政府重大研究项目，为河南省都市圈建设、交通物流枢纽建设、碳达峰碳中和行动方案等领域提供了基础支撑。同时，配合省政府参事室、省发展改革委、省交通运输厅等单位完成了关于新发展格局、交通投融资、交旅融合、智慧交通、枢纽城市等系列调研和政策研究工作。

在服务设研院发展方面，积极参与公司发展战略和相关行业研究，引领公司发展作用初见成效。结合公司发展规划，持续开展交通运输、城市建设等相关行业和重点对标企业的研究，同时围绕碳达峰碳中和、新基建、韧性交通、韧性城市、园区综合开发等符合行业未来发展趋势的领域开展深入研究，探索发现市场机遇，为公司相关业务开展夯实基础。围绕公司发展需求，向政府主管部门先后报送了《关于加快智慧高速公路建设的调研报告》《河南省高速公路服务区品质提升策略研究报告》《关于强化综合立体交通网韧性能力建设的建议》《紧盯双碳目标，助力交通运输绿色低碳转型发展》等智库报告，有效引领了相关业务发展。

在智库品牌建设方面，多措并举，省内外影响力初步显现。设立了"交通战略研究"公众号，坚持每周至少发布一篇原创性研究文章，紧随国家及行业时事热点，发布最新研究成果，交流行业最新趋势，文章被多家媒体转载，影响力持续扩大，已成为省内交通行业主要交流平台之一。先后组织参加了河南省委宣传部、河南日报社、河南电视台、河南省勘察设计协会、中国交通报、同济大学中国交通研究院等单位组织的多项论坛活动，围绕双循环新发展格局的河南作为、郑州都市圈建设、"一带一路"国际物流大通道建设、气候变化与韧性交通等主题，发表多项专题报告，形成了一定的智库品牌影响。

5

立足未来，战略发展观

韧性生长能力构建

当环境变得更加模糊、不确定，企业更加需要以"赢在未来"的思维革新战略理念，从"规模导向的增长思维"转向"可持续导向的生长思维"，建构"生长型战略"。犹如生命体的生长进化，企业生长型战略需要切实关心生长，关注对环境的适应性、自身的敏捷性以及价值创造力，真正实现内生性、有韧性，可以不断地迭代、生长、自我完善。企业生长型战略的本质在于持续运动，具备三个关键特征，即开放性、自适应性与自衍生性。

——开放性。企业更加外向型，以洞察、预测、定义全新市场机遇为核心能力，更加关注可持续生态价值，通过与商业生态中利益相关方的双向赋能，实现共存、共生、共荣。

——自适应性。面对外部环境的变化，企业更加聚焦灵活性，以外部视角认知本我，以自我调节实现自我的适应进化，关键着力于卓越产品与服务的持续迭代，与客户共生。在频繁更新迭代的进程中，战略与执行同步进行。

——自衍生性。企业更加聚焦于以"人人互联"架构价值驱动的自组织，并依托组织能力实现成功的持续复制，实现全局系统的有机生长。

当下，很多工程勘察设计企业在谋划"十四五"规划的过程中，已经努力用新理念、新思维来推进战略规划工作。部分已经蕴含着"生长型战略"的理念、框架，深度分析行业面临的环境，面对被疫情放大的弊端和矛盾，重新构建未来的发展思路、商业模式、能力资源布局等。所谓"韧性生长"需要试图解答"我是谁、为了谁、需要谁"几个基本问题。

生态是一种能力，回答"我是谁"，融入什么样的生态，构建什么样的关系，需要什么样的能力。行业发展从过去资质主导的1.0时代到模式主导的2.0时代，未来将会进入以生态能力为主导的3.0时代。未来需重新回归本源，行业企业是提供工程领域专业技术的服务机构，要想达到发展的新高度，就不能仅仅局限于过去传统所习惯的范围，要聚焦新的服务、新的需求，打破组织边界和意识边界，建立生态意识和能力。生态能力的关键是处理各种关系的能力，处理好生态构建中的价值定位、资源定位、场景定位等问题。

赋能是一种状态，回答"为了谁"，与甲方的关系调整，企业与员工关系重新定义，与生态方如何互相赋能。未来设计院与业主之间的甲乙方关系将会变为生态伙伴关系，从基于单个项目的合作到未来基于场景化服务的长期持续合作关系，实现共同进化。企业与员工的关系，最终将围绕提高"效能"为目的，重新定义员工，探索人才效能发挥、分配与激励机制的重新调整、企业功能重新定位。无论为谁赋能，最终一定要以产品为抓手，只有聚焦在产品、融入场景服务，才能找到与生态各方的合作着力点和发力点，才能实现长期赋能。

协同是基础，回答"需要谁"，关注协同需要的组织特征、支撑工具以及相关机制。有效实现协同，关键在于企业能否构建"自组织"形态特征，组织演变从过去基于强矩阵式的"军事化"管理进入基于共同价值观的"智慧型组织"，能够激发员工的自发、自主、自动能力，从而实现高效。协同的基础离不开数字化的支撑，无论是内部管理还是项目管理，都需要借助数字化手段和工具有效实现协同。

由此可以看出，韧性生长主要包括六个要素，即战略管理、专业特长、社群构建、自我驱动、风险管理、创新包容。

战略管理——具备动态灵活适应性，当前行业发展已经转换跑道或赛道，需要结合外部环境变化，立足企业生产经营理念，重新勾勒和构建企业战略规划，并坚定推进落实。

专业特长——激烈竞争的市场环境下，专业特长为设计企业撬开新市场空间大门创造了宝贵机会。面对新市场、新机遇，企业的创新衍生需要不断挖掘自身优势，以独特的视角切入，抓住时间窗口期抢占市场。

风险管理——新冠肺炎疫情给企业带来的最大启示之一就是要重视风险防范体系建设，立足长远，未来企业向高质量发展转型需要从做大做强迈向做优做久，有赖于动态化的风险管理机制作支撑。

创新包容——设计企业需要以开放包容的心态去看待创新，未来越来越多的企业将走出舒适圈，进一步扩充自身的视野半径，在这个过程中需要企业有容错的机制，鼓励创新探索。

自我驱动——现在普遍存在人员管理越来越难、资源整合也越来越难的问题，如何更有效地提高资源整合效率，很重要的一点是打造自我驱动的组织，建立能够统筹协调的组织中台，让中台成为组织核心竞争力。

社群构建——当下企业不但要关注自身发展，而且要关注企业周边，每家企业要有"朋友圈"和紧密合作的群体，实现共同进化。

建立可持续生长观

从过去的规模导向增长思维到可持续导向的思维去面对未知的创新。新生长观要求设计企业从"规模导向的增长思维"转向"可持续导向的生长思维"，打造价值创造力、敏捷适应力以及持续创新力。生长观的本质是面对未知的创新筹谋，从既定条件的框架束缚中挣脱出来，面对不确定的未知提升适应能力。这需要设计企业转变视角，在长期面临的发展痛点中找到潜在机会，实现自我转型和升级换代。

　　面向"十四五"，设计企业需要确立"生长型战略"，形成不可取代的差异化优势，搭建多维度生态链接，促进共生共建，加速实现在多样性生态中卡位布局。为此，设计企业将打造持续迭代的卓越服务，立足客户视角，以客户的结果满足感和过程体验感为根本导向，重构服务产品；推动数字化赋能，以业务数据化、数据业务化、数据资产化重新梳理企业运行逻辑，再造生产流程；革新建构生长型组织能力，提升企业自适应性、自衍生性，实现人与组织价值共创，推动全局系统有机成长。

建立新技术观

　　新技术的内涵持续丰富，工艺技术、产业技术、信息技术以及创意技术等不同层次技术正在与行业发生日益紧密的联系。在技术层次多样性的前提下，新技术观需要设计企业：一是以开放、包容的心态对待科技创新，促进技术与管理、业务的深度融合，成为科技创新促进产业升级的受益者；二是跳出科研单位的运营逻辑，强调结果导向，完善科研激励、成果转化等机制，将技术创新打造成为企业转型升级的发展动能；三是厘清既有技术与新技术之间的关系，设计企业是新技术的应用者也是整合方，通过新技术赋能打通原有技术的技术—能力—产品运行逻辑，持续扩大技术领先优势。

基于生态圈构建新资源观

　　从占有资源到使用资源，关注数据资源、生态资源。新的资源观是建立在伙伴共生的多样性生态圈基础上的。资源是稀缺的，单家企业所拥有的资源是有限的，而外部能够整合的资源是无限的，数字化驱动、用户需求导向下，设计企业需要突破资源边界感，从占有资源转向整合资源，部署和激活本身既不拥有也不能控制的资源，在复杂、动态和自适应的生态系统中运营。生态系统治理能力是关键，每家企业既是整体生态系统的参与构建者，又是自身生态资源体系整合方，企业将自身作为资源承载平台，通过不断衍生、关联，持续链接外在的组织、团队以及个人，打造开放、可成长的生态治理格局。资本加速资源链接，合资合作、并购重组、投资参股以及租赁转让等资本运营方式促进资源优化配置，推动行业创新潜能释放，推动开放式增长。

解决"能"的问题治理观

当前行业面临市场环境动态复杂变化，人力资源团队规模化，人员价值诉求多元化，以及技术驱动管理理念与模式转型等发展特征，探讨企业治理结构优化不仅关注的是股东与经营层之间的关系，更是从提高资源配置使用效率角度去探讨"人合"与"资合"。新的治理观要求通过治理架构和体系的完善解决"能"的问题（见图5-1）。

一是"能级"，领导层能够对企业长远发展有前瞻性思考，具备战略

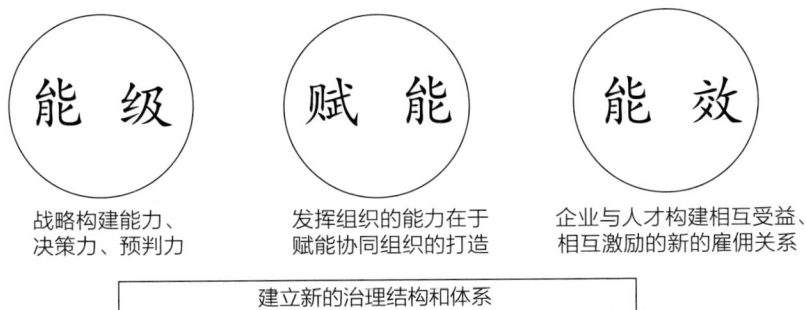

能 级	赋 能	能 效
战略构建能力、决策力、预判力	发挥组织的能力在于赋能协同组织的打造	企业与人才构建相互受益、相互激励的新的雇佣关系

建立新的治理结构和体系

图5-1　未来解决"能"的问题治理架构与体系

构建能力、行动决策力以及市场预判能力。二是"赋能",以精益化为导向,打造协同赋能型组织,建立平台型总部功能,以管理驱动赋能业务团队增量发展,相互协同彼此成就。三是"能效",企业与人才之间建立互相收益、互相激励的雇佣关系,创客模式、合伙人机制以及内部市场化管理机制都是围绕人与企业价值共创的创新实践。

　　当下工程勘察设计行业从"春秋时代"走向"战国时代",走入"大裂变"时代,需要在时局的"危"与"机"中找寻发展新动力,在市场浪潮的起与落中找寻发展新机会,以变应变,在不确定性中寻找确定的力量,让发展更具韧性。未来已来,让我们拥抱每一个明天,坚持长期主义,可叠加的进步,坚持韧性,在面临一系列新情况、新问题、新压力的时候也有很多新的机遇、新的空间和新的可能,关键是我们用什么样的思路去面对将来的发展环境。聚焦韧性生长,解构重构发展,向新而生!

6

战略重点问题审视

近几年我们一直用"不确定性"来表征行业的特点。2020年将这种不确定性直接推到了极限值，不妨用"深度不确定性"来表示。所谓的不确定性是指未来某个事情是否会发生，无法通过过去的经验来推演、判断。所以在面临高度变化的不确定性市场环境下，无论业绩增长还是业绩萎缩的企业都会十分焦虑，因为处于深度不确定性中，原有的发展逻辑逐渐失去效用。这种焦虑源于对未来的陌生感，因此需要建立新的逻辑来审视、架构企业的发展图景。

处在不确定性的环境之中，很多时候不给我们准备的时间，就必须作出选择。从某种意义上来说，有时候需要"先开枪后瞄准"，在实践中不断调整，通过持续迭代逐渐逼近目标。以往我们习惯于先将事情论证清楚再去实施，但是将来伴随着内外部环境的剧烈变化，支撑我们论证的很多因素变得复杂、模糊、易变、动荡，很多决策的前提发生了巨大改变。在此背景下，工程勘察设计企业将面临一系列不同于以往的新情况、新压力、新挑战，当然这个过程中也会诞生新机遇、新空间和新可能。所以在这样的生态下，企业需要重启系统，部分地方需要推倒重来。具体来看，传统的市场需求将会低位徘徊甚至下滑，新的需求将会进一步激发，但是新的需求以什么样的形态出来，会给企业带来什么样的新的要求，如何抓住新生需求的机遇，都需要企业重新确立思考框架和新的运作逻辑。

关于企业未来走向的预判。以往的发展是有迹可循的，但是面对不确定的未来，每家既面临着适应新环境、新要求的有效发展问题，也面临剧烈变化环境之下的基本生存问题，这两个问题相互交织。在这个过程中，不同企业的战略管理能力就会显得愈发重要。不同的战略思维、不同的发展理念、不同的运作逻辑，会影响企业的沉浮、生死，从而导致整个行业的分化趋势加剧。业内单位对"十四五"战略规划的重视程度远远高于过往任何一次，设计企业关心关注的"十四五"战略管理方向主要聚焦在以下几个方面。

明确更精准的发展定位。在"十二五"或者"十三五"期间，企业只需要进行三分法来界定企业定位（设计公司/工程咨询公司/工程公司），"十四五"期间企业则面临的选择更多、更广、更细——综合化发展、产业化延伸、全过程咨询服务、科技融合等，企业面临更多的选择可能性，因此也会面临更多的困扰。

寻求更可持续的业务体系。对业务体系进行规划和勾勒是战略规划的重要组成。近几年全过程工程咨询、建筑师负责制、工程总承包等政策持续推出，给业内单位带来不同的业务选择；新基建、城市更新、生态环保给业务发展带来新的需求场景。因此，设计单位需要在新业务和传统业务之间寻求良好的平衡。

架构更广泛的市场布局。工程勘察设计的行业格局从原有的条块分割走向融合。区域市场壁垒也在逐步消融，虽然在此过程中有一定的反复与曲折，但大趋势是无法改变的。工程勘察设计企业的区域布局如何定位，是否进行区域扩展，区域拓展到什么程度，区域拓展的核心要素是什么？这些问题也都是在新一轮战略规划中必须回答的问题。

组织体系的优化革新。对工程勘察设计企业而言，发展的最关键要素是人力资源。如何发挥好人力资源作用，如何进行各种资源的有效配置？这就是组织体系要回答的问题。组织问题一定程度上就是企业的战略问题。过去企业组织从专业所、综合所选择到事业部制再到集团化，演进到现在的平台化、赋能性组织打造，这些问题往往又交织在一起，呈现出结构性的矛盾。在这个过程中，还将面临传统业务、新业务的组织模式的组织定位问题，是强调权责划分还是强调协同，是部门化还是公司制？区域布局中的组织问题也一直是困扰大家的问题，是分公司制还是区域中心模式，或者是其他创新模式？

此外，还面临着更精益的管理体系、更开放的资源体系、更良好的治理体系、更匹配的能力体系。企业发展需要更好地整合内外部资源，资源整合面临着理念选择和路径选择的问题。无论是事业单位、国有企业还是民营企业，在发展到一定程度后，都会面临类似的治理问题，企业需要重新界定和构架核心的能力体系。

把握战略定位多元化特征

"十四五"时期行业将进入百花齐放、百家争鸣的全新时期，存在形态多元化，战略定位也将呈现多元化。在边界不断模糊、包容性不断提升的环境下，跨界发展、技术融合、资源对接等都给企业发展目标的再定位提供了更多可能性，同时也将面对无数次的取舍。

2017年国务院办公厅发布《关于促进建筑业持续健康发展的意见》（国办发〔2017〕19号）以来，行业大力倡导工程组织模式优化，鼓励发展工程总承包、全过程工程咨询等业务，诚然政策出发点是好的，产业链整合、集成化发展是未来大势所趋，但当下业内许多企业在推进工程组织模式优化方面并不理想，面临许多困惑。例如，开展工程总承包业务虽然能在短期迅速扩大体量，但盈利情况不尽如人意，绝大多数企业开展总承包业务毛利率要低于传统的设计业务；另外，全过程工程咨询业务貌似是将产业链上各类专业技术服务进行系统整合创造协同价值，但业主对此接受度一般，单个项目合同额并不高，人均产值约为40万元，低于设计人员人均产值。

部分企业在推进数年新业务培育后发现难以孵化成型，以新业务推动企业转型升级的美好想法只能停留在纸面上。很大原因在于企业从一开始就没有对战略定位有一个清晰的界定。新型城镇化、数字经济、绿色发展都将是未来五年行业转型升级的主要方向，工程组织模式优化会成为行业一大发展趋势，但企业自身基因决定在面对同样的发展机遇、政策红利时每家企业所展现的发展潜质与能力存在本质性差异。工程总承包模式并不适用于所有企业，新型城镇化建设下不同企业面对的是差异化应用场景需求，数字化技术对企业的再造赋能也存在明显差异性……在新一轮发展机遇中如何乘着东风谋发展需要企业找准自身定位。

城市建设进入到"下半场"，各种场景化需求应用催生，多数企业都将满足场景化需求作为"十四五"时期发展的重要命题，形成面向城市建设的多元化发展定位。一些企业持续深化专业服务，以城市发展智库为定位，满足城市发展、产业升级、生态优化、城市治理等方面策划咨询需求。例如，越来越多的规划设计院不断完善智库建设的基础、构建规划创新的技术平台、打造规划优势品牌，实现传统规划设计企业由规划技术工具制定向规划决策咨询服务转变，通过新型规划智库的建设，助力和引领城市高端需求的发展。还有一些企业以全过程技术服务提供商为定位，面对新型城镇化建设带来的集成化需求，突破行业思维，确立产业思维，聚焦工程建设全生命周期打造全过程服务成为业内探索主流，并向运营端延伸，满足城市更新改造等存量市场带来的运营管理需求。还有一些企业结合业主诉求提供特定场景化服务，基于城市发展的多样化场景需求，探索面向城市综合发展与精细化治理为导向的业务产品，在公共服务、生活和生产等多个领域提供定制化服务。

上级的战略思考也将深刻影响设计院的战略定位。由于历史原因，工程勘察设计行业中国有企业占比较高，经过多轮体制改革，这些企业先后与政府部门脱钩，进入到国家或地方国资委，成为央企或者国企所属的子公司，要求设计企业必须在集团战略框架下思考自身"十四五"战略定位。一方面企业不得不面对国资管理体系下对企业规模持续性扩张的要求、设计人员产值"天花板"效应以及央企工资总额限定下的人才激励机制受限三者之间无法共存的矛盾；另一方面，尽管设计企业在集团内体量上不占优势，但长期积累形成的专业技术服务优势很有可能成为集团寻求创新发展的突破口，在集团战略推进过程中发挥重要功能价值。如何借势发力是大型国有基础设施建设集团下属设计院需要着重思考的命题。设计院所属的勘察设计与咨询业务板块往往是集团各版块业务协同发展引领者，同时还将在支撑集团技术创新、新业务孵化、产业化发展等多功能平台打造上凸显价值，为此将集团内部定位与企业市场定位嫁接，整合集团以及内部成员企业资源共同发力，补齐资源能力短板，打造技术创新运营平台、新业务培育孵化基地。此外，新一轮国有企业改革三年行动开启，企业也可以向上级单位积极争取深化改革的有利条件，以改革为契机推动战略落地执行。

基于需求侧的战略重构

战略无疑是企业发展的引领，基于敏锐的市场洞察，选择赛道描绘蓝图，其本质是解决价值创造的问题，未来也因选择而塑造。当前工程勘察设计企业业务发展面临人均效能限制，不可持续性特征日益突显；企业既需要思考通过数字化技术应用、工作分层与知识管理等方式提升要素生产率，更需要加快构建第二或第三增长曲线。在我国加快构建双循环新发展格局的大背景下，行业企业对第二或第三增长曲线的方向有普遍共识，机遇就蕴藏在新型城镇化、数字经济和绿色发展的大空间中。

构建第二或第三增长曲线的关键在于从需求侧找到底层变量，以场景架构需求变量创造突破口，实现新的"跃迁"。未来可以从"融合型需求+投融资模式+建造方式+生产方式+建设组织模式+运营方式"6个方面把握需求侧的底层变量。

融合型需求：需求侧的融合性、集成性要求突显，超越技术视角，融合了技术、经济、生态、人文等多种方面要求，要以系统思维回应问题本质多元性。

投融资模式：城市与基础设施持续升级一定需要政府与社会资本的有效联动，而可持续发展必然要求专业服务机构立足全生命周期视角，统筹投资、建设与运营的关系，统筹可持续盈利策划。

建造方式：未来城市发展更加关注综合承载能力，更加关注绿色建设运营模式，海绵城市、综合管廊等将成为重要体现。

生产方式：在推进建筑业高质量发展的背景下，建筑工业化、装配式、智能化将加速推进，建造方式转型步伐加快。

建设组织模式：国家加快推进工程建设组织模式创新，工程总承包与全过程工程咨询等综合模式正在深入推进。

运营方式：统筹规划、建设和管理三大环节将成为提升城市发展系统性的关键抓手，预防性养护、智慧运营等面向存量市场的服务也将成为市场新热点。

多数企业并不具备将全部链条打通的基础，但能以其中部分变量为基础，建构一个场景产品链接需求侧与供给服务，打造符合自身资源能力条件的解决方案。例如，长沙"超级文和友"通过叠加三重价值创造了独特的商业场景，打造了一个网红餐饮品牌。融合城市价值、延续城市记忆、激发城市活力；融合商户价值，解决商户的商业化发展与传承问题；融合客户价值，为目标客户群体创造一个短暂逃离现实的放松场景。

基于赋能的组织重构

在构建第二或第三增长曲线的过程中，业内企业面临最大的挑战是组织的不支撑，这其中既有来自传统工作惯性的影响，也有既有利益格局受冲击反弹的影响。多数企业经营管理中所采用的两级管理模式有效增加了市场触角、发挥了主动性、降低了管理复杂度，但也一定程度上影响了集成业务所需的深度协同、效率提升所依托的专业化标准化、效益升级所需的管理精细化等方面工作的推进和成效。管理变革无法一蹴而就，可以设计"变革场景"，通过有效管理驱动增量绩效，持续靶向导入，使变革逐步深化，包括：打破部门组织和岗位边界，创造任务化工作，驱动集成型业务产品探索；聚焦效率痛点，通过知识管理等抓手，创新工作逻辑，推进中台建设工作开展等。

打造平台型组织成为许多企业强烈的呼声。组织运作平台化的优势在于改变过往内部资源割裂、外部资源整合缺乏有效运作平台和机制的态势，面向外部客户与资源整合需求，构建具有开放性、包容性和较强特色的服务与合作平台。组织运作平台化的核心在于组织层面循序渐进开展"加法"模式优化工作，积极主动引导二级部门的特色化发展，逐步对组织运作体系作出适度转变。

中台功能搭建。传统院所两级组织运作模式的缺陷在于难以在业务开展、技术进步和内部资源整合方面开展步调一致的统一管理和行动，中台则成为能够一定程度上弥补相应组织运作模式缺陷的有效工具。中台主要包含业务中台、数据中台以及技术中台。其中，业务中台主要作用在于提升整体业务策划、业务开发能力，核心探索新产品、新服务，在总部层面统一协调全院资源；数据中台主要作用在于充分整合、分析与发掘沉淀数据资源的潜在价值，形成数据资产的系统梳理，支撑相关业务的数据获取与更高效运作；技术中台主要作用在于围绕未来将探索和开展的新型业务领域与模式的核心环节，孵化核心工艺，建立管理体系，强化技术质量与风险把控。

提升总部管理价值，强化总部赋能。基于传统职能管理体系基础，分业务管理与职能管理两条主线探索总部管理价值提升。在业务管理层面，开展从市场经营为起点的全过程业务支撑与保障探索，通过院层面高端资源对接、客户营销、客户信息梳理、外部资源对接和整合等工作，形成对一线生产所的相关工作的大力支撑和保障。在职能管理层面，在财务、人力资源、行政管理、文化建设等多条线强化整体管理和对生产所的深度服务，力争从专业和服务两个角度构建对生产单位的有效支撑。

基于效能激发的人才激励

人是企业变革转型中最大的阻力，这受限于思维和行为惯性，以及对不确定性的焦虑；与此同时，人也是企业变革转型中最大的动力源，关键在于如何把动能最大化激发。在战略实施中，很多企业都会想到计划目标分解、绩效考核等方式逐级落实责任，看似逻辑清晰、科学合理，但却有其缺陷。人才动能发挥是一个系统工程，要解决随性、惯性、惰性等问题，不仅需要机制，也关乎组织运作逻辑、文化导向等方面。

工程勘察设计企业人才属于知识密集型工作者，他们在成就需要、创造性、流动率等方面有着明显特点：普遍有较强的成就需求，不喜欢简单、机械地进行重复性工作，希望可以从工作中发掘自己的价值，追求理想的工作成果；学习能力、适应环境能力强，乐于学习新事物、接受新方法，希望用创新的方式改进工作内容和流程；如感觉到考核不公平、个人贡献得不到回报、单位发展空间小等问题，更容易做出离职的选择。因此，面对知识型工作者，对人才的激励方式要有所创新，改变"生产人员靠产值奖金、职能人员按系数平均"的简单薪酬激励方式。

合伙人制度与传统常见激励制度的区别。传统常见的激励方式有奖金激励、股权激励、晋升激励等方式。奖金激励方式是最常规的激励方式之一，其优势是刺激性非常直接，公司操作起来也较为简单。但不足也很明显，即无长期激励的效果且有可能与公司整体发展出现偏差。员工股权激励制度是企业最常用的中长期激励方式之一，通过给予激励对象部分股权使员工与公司结成共同利益的激励方式。这种激励方式解决了奖金激励无法实现的中长期激励问题，并且使获得股权的员工更关注公司的整体发展。但是此种方法也有其局限性：第一，股权流转、退出有一定的限制性，企业发展中的关键人才在变动，股权激励难以对关键人才的变动实施滚动激励，产生股权受益者和企业实际经营者的不统一；第二，可以用于激励的股权数量是有限的，如果股权过于分散，可能影响公司的决策权和效率。职位晋升可以实现物质和精神双方面的激励效果，但局限是职位数量的有限性，激励受职位的数量限制比较大。

合伙人制度在激励方面可以一定程度上弥补传统激励方式方面存在的弊端。一方面，合伙人激励可以实现传统的奖金激励、股权激励的效果，其中合伙人奖金激励可以和合伙人利润分享合并，也可以额外计算、发放；合伙人股权激励是指可以对合伙人实施一定的股权激励，拥有股权的合伙人享有股权相关收益。合伙人股权激励不是必须的，可以对不同级别合伙人实施差异化的股权激励计划。另一方面，可以通过利润分享的激励方式，实现激励和企业整体发展一致、员工职业发展和企业发展轨迹趋同。例如，通过合伙人级别设置、积分计算、收益与考核挂钩、退出机制等方式，使得合伙人通过为企业贡献，不断地累积积分、获取收益，其收益的累积和退出与个人职业发展进行充分弥合，实现激励长期性的同时缓解股权激励的弊端。除了物质激励，通过合伙人的评选可以实现职务激励的效果，并且合伙人的评选范围和空间相比于职务激励有更多的灵活性。合伙人的评选可以一定程度上打破岗位数量和层级的限制，并且赋予合伙人比岗位更广泛的权利和责任。

工程勘察设计企业，或者任何一家企业要实现二次创业，最需要改变的是以往创始人或主要经营者引领发展、承担责任、制定决策的单一化发展局面，为此需要在企业内部建立起一支优秀的企业家队伍。这支队伍既要能够共创未来、共担风险、共享收益，又要能够支撑战略转型与落地，也要高度认同并传承公司文化，还要保持持续奋斗的激情，更要能够作为企业未来核心竞争能力。

因此，具有创新、创业精神与能力的关键人才，便成为工程勘察设计企业势在必夺的高价值稀缺资源。如何获取并留住关键人才？仅仅寄希望于员工个人职业道德、综合素质，可以治标但难以治本，只有升级企业的管理制度，或探索全新的管理机制，改变传统雇佣关系，成为"企业的主人"，才有望实现人才潜能的进一步释放。

显而易见，合伙人机制通过改变员工的职业经理人身份，从劳资关系转变为共同创业的合伙关系，可以补足原有雇佣模式的部分短板。这也是新常态背景下，合伙人模式成为众多企业改革创新的选择之一。

案　例
合伙人点数授予及评价方式

对于工程勘察设计企业，市场经营、项目生产、技术创新、人才储备、品牌影响和内部管理是影响设计企业可持续发展的六大关键维度，对于合伙人的价值认定和评判，也应基于上述六个维度。

设计企业可以采用开放式的核算方式，对每个维度内的每件事项采用点数计算的方式，且不设置每个维度的点数上限，只对每个事项对应的贡献点数多少进行规定，如每10万元自主签约额计1点点数，个人每作为论坛演讲嘉宾或所带项目在媒体上曝光，每次计5点点数。最终根据每个合伙人在某件事项上的完成情况计算出每个维度的点数。

在具体评价合伙人是否称职时，可以改变传统的得分高低评价模式，采用维度评价的方式，即合伙人只需要在某几个维度达到公司要求，便说明表现合格。例如，规定维度内得分排名在前20%的合伙人为A，得分后10%或得0分者均为C，其余人为B，当合伙人至少两个维度达到B档时即可视为其表现良好，至少三项维度达到B档且有一项为A档视为表现优秀。

今后的每一年或者每几年中，当公司的营业收入（或利润）增加时，公司可以把收入按一定规则转变为公司总的贡献点数，如公司某年业务收入为5000万元，如果每1万元计1点贡献点，则公司本年可增加的贡献点数共计5000点，然后根据合伙人业绩考评结果授予每个合伙人，也就是说，合伙人的贡献点数是随个人业绩评价结果不断变动的。

具体授予点数的方式，通过层次分析法，每家企业都可以根据自身情况得到六个维度对于自身发展的重要性关系，形成六个维度的权重关系。假设六个维度的权重分别为市场经营30%、项目生产20%、技术创新20%、人才储备15%、品牌影响10%和内部管理5%，公司当年可增加贡献点5000点，则当年度用于分配给市场经营维度的贡献点即5000×30%=1500点。

结合在该维度内合伙人的得分情况，对该维度的贡献点进行分配。例如，市场经营维度只有3个合伙人有得分，分别是合伙人A为100分、合伙人B为60分和合伙人C为40分，则合伙人A在经营维度可获得的贡献点=［100/（100+60+40）］×1500=750点。

这种方式下，对于部分难度较大、无人问津的工作，在公司层面形成"辕门立木"的效果，鼓励合伙人在公司真正薄弱的环节投入精力。

后续对于合伙人的利润分配，根据每个合伙人的贡献点数占公司总贡献点数的比例予以核算。例如，某合伙人分红当年有贡献点100点，公司所有合伙人的贡献点共计1000点，则该名合伙人获得公司分红的10%。

在设计分红规则时，建议采用累积滚动的贡献点积累方式。例如，某合伙人第一年获得的贡献点数是300点，假设在此后的三年中，该合伙人的点数增加了三次，分别为300点、250点、100点。那么三年后，该合伙人累积的贡献点数份额总共为950点，则该合伙人根据950点贡献点占公司总点数的比例获得分红。具体的累积滚动周期可以由各公司灵活掌握。

同样，通过贡献点核算分红的方式，在给合伙人分享历年留存利润的时候也形成了标准，只需将合伙人所有年度积累的贡献点加总即可。

通过累积滚动的方式，可以一定程度上体现合伙人的历史业绩贡献，在鼓励合伙人持续作出贡献、赚取贡献点的同时，加大了优秀合伙人的离职成本，提升了企业留人的竞争力。

可见，贡献点模式不是完全按照初始投入资本（权益）比例进行利润分享，也不仅仅根据合伙人当期的业绩分享利润，而是根据持续的业绩贡献，动态、灵活地调整贡献"点数"，从而影响基于贡献点的利润分配。

第三部分
融合创新

∨

传统的行业发展认知以及积累的经验教训难以有效支撑我们对未来行业发展格局的理解，企业发展过程中积累的一系列深层次的矛盾、一系列的隐忧需要面对。谋划"十四五"战略，既要前瞻、系统、全面，也要有明确的行动聚焦点！这对企业管理者的挑战非常巨大。随着信息技术进步、产业政策变化，与"十三五"时期相比，"十四五"时期，数字化转型、资本运作、科技创新、公司治理等成为行业内企业的重要行动聚焦点。

企业的数字化转型不是技术层面的问题，而是战略层面的问题。数字化转型要以数据为核心，推动服务模式的创新、技术的创新、业务的创新，从而提升服务价值。数字化转型是一个复杂、系统的工程，需循序渐进，从企业战略逐层解码，找到行动的目标、路径，指导具体执行。

资本化发展已经成为设计企业绕不开的话题，一批设计企业通过IPO走进资本市场；混合所有制改革作为国企改革的重要方向，战投引入成为国企改革关注的焦点；设计企业间的并购重组活跃，产业链上下游对于设计企业的兼并趋势加剧，设计企业通过投资并购弥补业务、能力短板……如何借助资本力量推动商业模式以及盈利模式创新，适应新时代需要，是工程设计企业未来面临的重要命题。

发展新旧动能转化离不开技术的力量，需要借助技术突出重围，来实现战略目标。新技术日新月异，新技术推动的新模式已经显现出独特的生命力。设计企业如何提升自身的科技创新能力、融入新一轮的技术革命，成为面向未来发展的内在要求。科技创新要有战略导向，与企业战略相结合，精准定位；要有价值导向，有的放矢；要有生态导向，开放整合。

任何一个企业都是一个资源与能力的集合体。对于设计企业而言，由于其对人才的高度依赖性，资源与能力的集聚、集合更具复杂性。为此，需要不断提升设计企业的公司治理能力。怎么有效集聚影响企业发展的各种战略要素、如何有效激发人才的主动性与创造性、如何有效管控公司的运作风险，这些问题都与公司治理体系是否健全、科学密切相关。企业的创新发展之路需要借助公司治理来护航。

7

迈上数字化转型征途

数字时代带来发展理念冲击

1995年被普遍定义为"世界互联网商业元年"。经过20多年的发展，科技的快速进步推动全球经济迈入产业互联网时代。产业互联网使整个商业社会从工业经济向数字经济加速转型，数字化成为驱动发展的新要素、新引擎，企业也在探索以数字化能力催生新产品、新业态、新模式和新管理，再造发展新动能。

市场需求所驱动的以个性化定制、智能制造、从产品向服务转型等为代表的产业升级正在加速演进。城镇化发展进入高质量发展要求的新时期，必须通过运用现代信息技术推进城市运行系统的互联，实现智慧感知、智慧反应与智慧管理，包括以CIM（GIS+BIM的融合）平台为基础的数字孪生城市技术。工程勘察设计企业需要从重点服务于工程建设阶段的思维跳出，在更广阔的空间寻找蓝海。

工程设计产业竞争格局正在从金字塔结构向两极化深刻转型，且面临着更多的市场参与者以全新的商业思维模式、全新的资源禀赋、全新的运作模式加入。我们可以看到阿里、华为等创新型科技企业在基础设施领域的布局与探索，挑战与机遇空前。面临着战略敏捷性的考验，面临着跨组织、跨地域资源整合效率与效益的挑战，面临着更有效赋能员工的压力……

处在一个日益开放交融的商业生态系统中，市场需求不确定性、资源的无边界特点、人力资源的市场化流动与价值诉求多元化、多边立体的价值网络要求等方面趋势日益显著，给工程勘察设计企业带来新的游戏规则下生存挑战。

数字化转型将成为所有企业未来10年要面对的核心战略问题，用数字化能力创造并定义未来。工程勘察设计企业的数字化转型路径需要依托新型产业生态场景：重新设计与市场需求的联系和交互；重构价值链中的客户体验乃至用户体验，以更加智慧、自主、便捷的方式赋能员工驱动运营优化；重建更加开放、共生、互赢的无边界资源整合平台。

数字化转型的实施内容

管理数字化

管理数字化的核心是管理信息系统。鉴于当前大部分设计院信息管理系统各模块不健全、系统之间无法打通，整个信息系统为企业赋能价值发挥非常有限。管理数字化的目的不是为建而建，而是真正能够打造设计院的总部价值，体现总部价值的中台能力，包括数据平台、客户平台、业务平台、技术平台等，实现管理数据化。

需要以云计算、物联网、人工智能等前沿技术为支撑，通过优化完善现行公司管理流程、数据流转，构建包括经营、生产、财务、项目、人力资源、知识管理、智慧决策等全方位的内部数字化管理体系（见图7-1）。管理信息化首先需要构建一个前瞻性数字化管理架构，管理架构必须基于管理模式，先将管理信息化的架构设计出来；第二步是逐一建设各模块，从最开始的OA系统到后来的项目生产、项目经营、知识管理、财务等；第三步将这些模块直接打通，这样才能构建支撑管理功能的数据平台。当然处于不同管理成熟度阶段的设计院需要结合自身特点，划分相应的建设阶段，不可能一蹴而就。

战略及经营管理				安全质量管理			
战略规则	经营计划	经营分析	绩效考核	安全质量监督	风险管理	应急管理	事故管理
市场拓展管理				项目管理			
市场分析	市场拓展	项目立项	投标管理	项目策划	设计	采购施工	项目后期

人力资源管理		财务管理		采购管理	
组织人事管理	薪酬福利管理	总账	固定资产	采购申请	库存管理
招聘管理	培训管理	应收	资产管理	采购计划	物流管理
员工管理	绩效管理	应付	财务分析	招标管理	供应商管理
		成本管理	合并报表	采购订单	采购绩效管理

合同管理				研发管理				
合同起草	合同审批	合同执行	合同结算	科研规划	立项管理	计划与进度管理	经费与合同管理	验收与收纳
知识管理				综合管理				
知识库	专家库	社区	知识百科	行政办公	审计管理	后勤管理	档案管理	

信息化			
勘察设计	规划咨询	工程总承包	新兴业务

图7-1　管理数字化框架体系

案例

中交第二公路勘察设计研究院有限公司
——从业财一体化到财务共享中心

中交第二公路勘察设计研究院有限公司（以下简称"中交二公院"）隶属于中国交通建设集团，连年入榜"中国工程设计企业60强"，是国家高新技术企业、全国工程勘察设计先进企业，具有公路、桥梁、隧道、交通工程、市政、轨道、建筑、环境生态、岩土与地下工程等专业领域的规划咨询、项目策划、勘察设计、投资建设、项目管理、工程总承包以及运营管理等全产业链技术服务能力。

行业面临下行压力，项目回款困难、资金回流放缓以及保证金占用比重增加等一系列问题对企业的财务管理能力提出了巨大挑战。中交二公院以强化信息化平台建设为出发点，提升业务线与管理线协同，并于2018年进一步提出推动管理会计建设，实现业财一体化。然而，随着企业多元化和规模化发展，管理层对财务部门提供数据分析和决策支持等价值创造的能力要求越来越高，传统的财务组织架构和管理模式的不足逐渐凸显，新一轮智能化业财融合体系建设提上议程。以搭建财务共享中心为契机，提出数字化转型推动业财融合的创新管理思路，构建经营收款、分包采购、经营生产等七项功能的业财融合。

构建智能化业财融合体系是一个系统性工程，涉及一系列创新管理方案，包含重构财务组织架构，梳理各项业务流程，财务核算标准化、流程化，财务系统与业务系统集成对接，开发上线税务管理系统以及推进财务智能化建设等。

重构财务组织架构。中交二公院打破原来财务部内部工作组织架构，成立财务共享中心和管理会计中心，通过规范化、体系化的财务组织与流程重组，提高财务服务水平与运营效率，支撑企业发展战略。同时结合中交二公院组织结构特点，形成分子公司及直属项目财务中心，让财务人员充分与业务进行对接，不仅仅是坐在办公室里算账，还要走出去参与重大经营合同谈判和项目管理，到基层项目上去、到生产经营一线上去，更好地运用财务税收专业知识去协助领导及业务部门人员运作和管理好项目，同时利用财务信息工具，做到业财信息共享，实现业财一体化目标。

推进财务智能化建设。首先，实现了移动影像报销。财务共享后，员工报销时必须将纸质单据交初审人员通过扫描仪上传单据影像。2019年12月，共享中心影像系统升级，增加了移动影像功能，实现员工在报销"差旅及培训报销单""费用报销单"和"借款单"三类单据时，除选择将纸质单据提交初审人员处理外，还可使用"手机上传"和"本地上传"的方式上传单据影像，共享中心可直接根据报账人自行上传的影像办理结算。其次，部署财务机器人，即人机交互的软件机器人解决方案，这是介于业务流程自动化平台和自动语言处理的一种中间形态。部署财务机器人，其目的是帮助共享中心完成重复性高、业务规则标准化程度高的工作。基于此原则，共享中心共梳理出10个业务流程拟交由财务机器人处理。截至2020年5月底，10个流程中，已陆续上线运行6个，剩余4个流程已完成测试待上线。

通过财务共享中心建设，中交二公院实现了专业分工，提升人员价值创造力，推动财务共享建设，强化了企业财务管控力，促进内部管理资源系统集成，实现业财税深度融合。

服务数字化

服务数字化，即生产工具数字化。目前BIM技术主要集中在设计环节，正向设计比重不足两成，业主对设计企业BIM技术的接受程度普遍不高。但数字化服务的趋势不可改变，设计院需要面向工程建设全过程、全生命周期整合BIM、CIM、GIS等核心技术，探索BIM正向设计、BIM全过程咨询、BIM+GIS等新的服务模式，形成集数据搜集与分析的行业大数据平台，打通规划、建设和管理各环节的信息壁垒，找到客户在工程建设新场景下的嫁接应用，未来的服务数字化是真正跳出设计环节的BIM、面向工程全生命周期的BIM。

案 例

中信工程智能建造平台创新探索之路

党的十八大以来，发展数字经济、建设数字中国成为中国经济社会发展新风向，数字化转型已成为产业变革的主旋律。为积极响应国家政策号召，履行中央企业的社会责任，中信集团于2016年提出"互联网+转型"战略，并正式成立中信云网有限公司，打造"中信云"助推集团数字化转型。

为实现公司数字化转型发展，2017年初，中信工程创新性提出"中信智能建造平台"构想，致力于打造建筑产业互联网，助力建筑行业数字化"脱贫摘帽"，现已成为工程建设行业数字化转型战略的创新领跑者与开拓者之一。

"PPP+EPC+基金"的成熟商业模式

通过"PPP+EPC+基金"模式，突破传统施工总承包模式限制，充分发挥社会资本、工程建设、运营管理的各方优势，实现了资本、技术、管理的深度合作，走出一条"一体化、全过程、高效益"的项目实施新路径（见图7-2）。

"全过程咨询""综合设计""执行建筑师负责制"的数字化管理方式发挥项目前端优势，实施咨询、设计集成创新，在项目前期阶段，加入设计研究和设计综合等环节，所有的专业体系在一张数字图上形成（见图7-3）。与国际接轨，以制度化设计赋予建筑师团队工程项目技术总负责和质量总监理的职责。

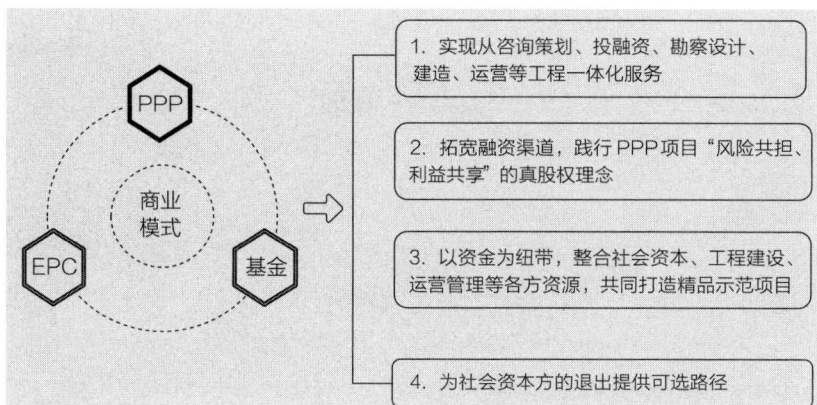

图7-2　中信工程"PPP+EPC+基金"模式

- 1. 实现从咨询策划、投融资、勘察设计、建造、运营等工程一体化服务
- 2. 拓宽融资渠道，践行 PPP 项目"风险共担、利益共享"的真股权理念
- 3. 以资金为纽带，整合社会资本、工程建设、运营管理等各方资源，共同打造精品示范项目
- 4. 为社会资本方的退出提供可选路径

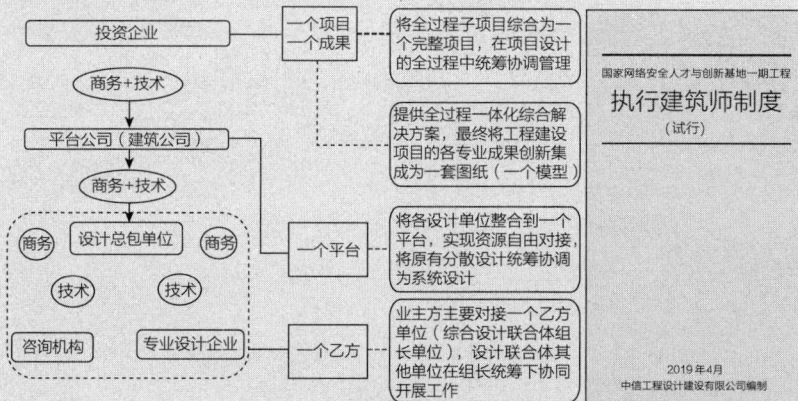

图7-3　一体化综合设计示意图

"智能建造"的数字化创新生产方式

　　中信智能建造平台是以工程金融为依托，以智能构件为核心，利用BIM和云计算、大数据、物联网、移动互联网、人工智能等技术，通过对人员、流程、技术、业务和数据系统的有效集成，实现对建筑从前期策划、勘察设计、采购分包、施工安装到

竣工交付和后期运营的全过程，全要素、全参与方的数字化、网络化、智能化。

智能建造助推产业数字化变革。基于数字化技术，致力于创建自主创新的基于"互联网+"的建筑产业互联网平台，并提供数字设计、数字招采、供应链金融、数字化解决方案、智慧运营等互联网+平台服务（见图7-4）。

智能构件实现数据全流程打通。以智能构件为核心，构建应用实施框架和数据传递体系，利用BIM和云大物移智链等技术，通过对人员、流程、数据、技术和业务系统的有效集成，实现对建筑从设计、采购、生产、施工到运维的全过程、全要素、全参与方的数字化、网络化、智能化。

科技创新引领公司数字化转型。围绕数字应用技术、科技金融（供应链金融）和信息化三大方向，以产业需求为引导，大力推进建筑产业互联网、BIM技术、数字建造等新技术和新方法的应用。

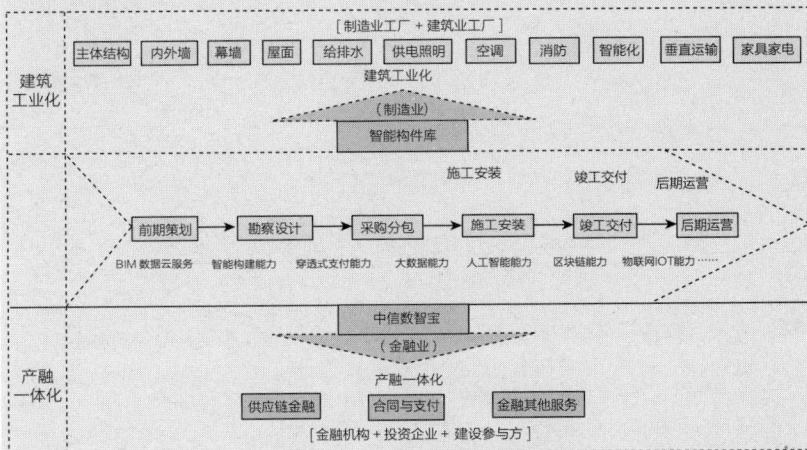

图7-4　中信智能建造平台

金融赋能打造产融结合新模式。依托中信金融全牌照资源，打造产融合作平台，为行业提供数字化、标准化、智能化的建筑产业数字供应链金融服务。

践行国家发展战略，助推建筑行业拥抱数字化和数字经济时代。数字化是行业未来发展的必然趋势。2020年新冠肺炎疫情肆虐，促进了全社会对数字化与智慧化的广泛探讨，工信部、发改委等相关部委纷纷出台相关政策，"新基建"战略引起巨大反响。中信工程践行数字化战略，打造创新型、科技型工程公司，为建筑行业数字化提出"中信方案"。

整合行业生态资源，打造中国建筑产业互联网。依托中信集团优势核心力量，尤其是集团金融板块以及中信建筑院、中南市政院强大的设计力量，依托BIM国家软件研发项目，整合行业产学研用优势力量，构建中国建筑产业互联网平台，促进互联网+建筑业融合发展。

探索产融结合新模式，提供数字供应链金融服务。利用中信集团金融资源和优势，对标淘宝和支付宝探索建筑行业产融结合新模式，积极完善产融信息对接，打造产融合作平台，构建"生产服务+商业模式+金融服务"数字化供应链生态，为行业数字化转型发展提供金融赋能。

"中信数智"承载国家软件数字化战略

2019年9月底，中信工程联合中国建研院、清华大学等13家单位，中标了工信部BIM重大专项，通过研发BIM国家软件，形成建筑全行业规模化应用。为更好地践行国家战略，中信工程将成立"中信数智（武汉）科技有限公司"，基于国家软件打造中国建筑产业互联网核心生态（见图7-5）。

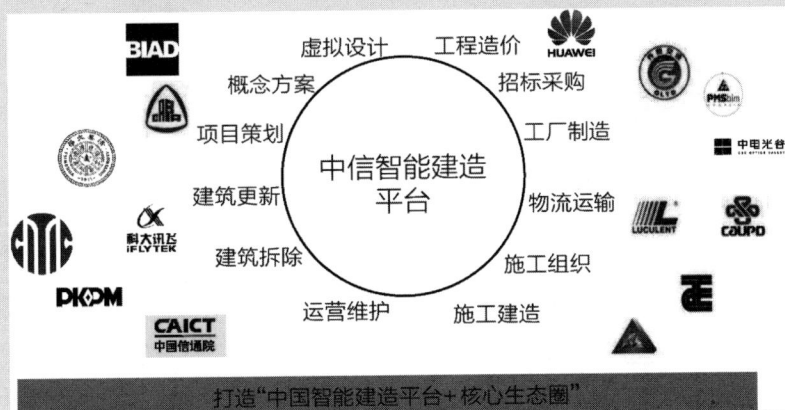

图7-5　基于国家软件战略的核心生态

应用项目——国家网络安全人才与创新基地

基于"互联网+BIM+EPC"模式构建"123-4"数字化整体服务体系，即"1个模（BIM模型），2张网（互联网、物联网），3块屏（数字大屏、电脑屏、手机屏），服务工程建设4个阶段（设计、采购、施工、运维）"，并形成了网安智慧园区数字化解决方案。

应用实例——中信清水入江工程

依托中信智能建造平台，为中信清水入江项目提供了智慧水务数字化综合解决方案，打造江夏污水处理厂智慧管控平台，实现了项目智慧加药、智慧监测、智慧运维等。

研发供应链金融"线上资金管控系统"，为专业分包商支付工程款，并通过平台定向支付了5家劳务分包公司及农民工工资，实现了全过程穿透式供应链金融管控，能够有效解决农民工工资拖欠等问题。

业务数字化

从产品向服务转型是当今企业创新商业模式和颠覆已有市场的重要进化策略。专业工程技术与新一代科学技术的融合不再是业务的增值能力，而需要演变成为业务的一部分。可能的思考维度包括以下方面。

利用数据提升既有业务。如智能规划，利用数据进入新市场，如以BIM+FM模式切入运营、管理、维护；与客户共同寻找并开发面向数字经济的商业交叉点，如面向环保领域的远程监控与智能诊断等。智慧化运营管理，数字化思维下重新设计运营，优化运营管理流程，提升资源使用效率，以支撑新业务运转。

重新构建企业与客户的交互界面。通过线上、线下的信息互动，发现并形成持续的有价值的客户关系，如客户关系管理平台的建设与维护。建立以客户为中心的共享平台，让"听得见炮声"的人来决策，以此为基础赋能员工，在企业的市场布局范围内形成技术、工具、知识的共享，以统一接口为客户呈现完整的系统解决方案，构建与客户共同的工作平台。提升客户价值体验，如依托BIM为基础的项目管理可视化平台。

提升资源管理效率，运用跨地域协同工作平台。BIM、物联网、云计算等技术的发展都为企业运营管理效率提升带来更大的想象空间，如诸多企业依托物联网技术，通过传感器了解公共会议空间使用情况，从而更好地分配和使用公共会议室。

平台化资源整合。当前企业组织面临极大的持续不确定性，并且受到万物互联的深刻影响。唯有更多地参与协作、结成命运共同体，开放合作、引领变化、彼此成就，才能找到新生机。构建数字化转型的资源支撑，关键是打破边界观念，推动平台化转型，以赋能、链接、共赢理念，通过创新体制与机制激活内部要素与资源、链接外部要素与资源。

业务数字化关键在于盈利模式。面向城市基础设施建设领域，基于客户的场景需求，通过数字化赋能实现盈利模式的改变，设计咨询服务不再是唯一的盈利方式，设计院通过用户付费、租赁等创新模式探索寻找新的盈利点。

绝大多数数字化业务都是服务于运营端，如面向城市/交通/建筑/工厂领域的数智化集成解决方案，服务逻辑不同于传统的设计咨询业务，业务孵化需要找到合适的切入点，同时还需要创新组织模式与人才激励机制做支撑。

案例

浙江数智交院科技股份有限公司
——以数字化打造新时期高速公司新典范

浙江数智交院科技股份有限公司（由浙江省交通规划设计研究院有限公司2020年更名）创建于1951年，2017年从浙江省交通运输厅划至浙江省交通投资集团，完成了事转企、混合所有制改革。锁定交通科技发展前沿领域，近年来致力于智慧高速、数字公路、智慧管养、工业化"智"造、智能轨道、智慧港航、未来社区、"四港"联动等技术研究和产品开发。

2018年9月，浙江省交通投资集团有限公司依托浙江省交通规划设计研究院有限公司成立"浙江智慧交通研究院"（以下简称"智慧院")。未来,智慧院将发挥典型引领带动作用,形成"浙江模式",提供智慧高速建设模板,推动完成大湾区乃至全国的智慧高速公路建设。

智慧院以浙江省三条高速公路项目作为抓手,在交通基础设施数字化及基础平台运行、交通基础设施状态智能联网监测预警研究、协同式智能车路系统等未来交通模式研究与示范、自由流及无感收费等计费系统研究与开发、交通基础设施运营安全提升技术研究、交通基础设施综合管理模式研究与示范等方面开展工作。在产业融合方面,智慧院将结合TOD开发理念,将智慧高速建设向智慧道路、未来社区、智慧城市建设领域延伸,进一步带动交通运输相关产业转型、升级,推动浙江省和大湾区交通运输服务与制造业、旅游业、商贸业、信息业等关联产业深度融合,培育大湾区交通运输发展新动能。

以高速公路智慧化提升改造为契机,按照浙江省智慧高速公路建设实施计划,针对不同高速公路项目特点,因地制宜开展了沪杭甬高速公路、杭州绕城西复线高速公路、杭州湾跨海大桥及连接线高速公路、杭绍台高速公路、杭绍甬高速公路等800余公里智慧高速公路项目研究与设计工作。

沪杭甬高速公路智慧化提升改造建设项目是浙江省营运高速公路智慧化提升改造的示范工程,沪杭甬智慧高速公路立足于"快",为全省营运高速公路智慧化提升改造打造一套可复制、可应用的方案,示范引领高速公路发展转型升级。根据初步方案,将从构建高精定位系统、车路协同通行系统、5G通信网络系统、新能源及无线充电系统、自动驾驶路测系统、自由流收费系统、大数据驱动的智慧云控平台、自动驾驶及货车编队系统、全新的出行体验系统、打造自有知识产权系统十方面进行改造。

杭州绕城西复线智慧高速公路建设项目旨在提高重载环境、恶劣气象条件下道路管理服务水平。杭州绕城西复线智慧高速公路立足于"试",进行基础设施数字化、基于大数据的路网综合管理和新一代国家控制网三个方向的试点建设,树立部省联动典范。

杭绍甬智慧高速公路旨在打造一条涵盖客货运输网、传感通信控制网和绿色能源网"三网合一"的智慧高速公路基础设施和智慧云控平台在内的新型高速公路。作为智慧高速公路建设的"国家示范工程"及浙江省"标杆工程",杭绍甬智慧高速公路立足于"新",以高标准、高要求建设打造,引领带动全省乃至全国智慧高速公路的发展方向。整个项目突出智慧化建设导向,以"智慧化管理+智能化服务"为基本思路,改变过去的被动管理模式,以"主动管理、主动服务、精准管控"为主线,围绕通行效率提升和行车安全,利用新技术、新功能解决交通瓶颈和痛点,打造全国首条"智能、快速、绿色、安全"的智慧高速公路。

案 例

中冶集团武汉勘察研究院有限公司
——以数字化技术助力智能建造升级

中冶集团武汉勘察研究院有限公司(以下简称"中冶武勘")创建于1955年,是大型央企、世界500强中国冶金科工股份有限公司的全资子公司,是全国勘察设计综合实力百强单位。把握时代脉搏,中冶武勘深入推进企业转型升级,依托测绘、勘察、检测监测等核心业务基础支撑，形成了以岩土工程一体化、测绘地理信息与智慧应用、市政公用与环保工程、新能源与机电工程、资源勘察与矿山建设为主的五大业务板块，成为勘察设计行业领先的科技型工程公司。

测绘地理信息与智慧应用是五大业务板块之一。中冶武勘发挥在地理信息系统、倾斜摄影、无人机航测等方面技术领先优势，把传统的测绘技术提升到GIS地理信息技术，对地理空间的每一个要素进行精准定位、定性和定量描述，以时空信息云平台为基础，搭载海量的图形管理技术和地图引擎驱动技术，创建全生命周期三维可视化解决方案的核心技术架构。以平台为载体，中冶武勘整合数据信息创建现实世界的虚拟模型，借助数据模拟物理实体在生产环境中的行为，物理生产系统与虚拟生产系统不断交互，构建自主感知和自主控制能力的生态系统。中冶武勘正在搭建数字孪生园区、矿山和城市，通过GIS与BIM的深度结合，从客户需求角度出发将服务领域转化为产品，深度融入产业链。

以钢铁行业为例，中冶武勘从数字钢厂到智慧钢厂，通过打造安全可视化平台，秉持工业互联网理念，以连接为核心推动生产方式和企业形态根本性变革，通过工业互联网和5G+北斗定位技术，把钢铁生产设备、生产线和员工紧密地连接融合起来，使钢铁制造业形成跨设备、跨系统、跨厂区的互联互通，从而提高效率，推动整个制造服务体系智能化，有利于推动制造业融通发展，实现制造业和服务业之间的跨越发展。

鄂钢5G智慧钢厂项目

宝武集团鄂城钢铁有限公司（以下简称"鄂钢"）5G智慧

钢厂项目入选"2020中国5G+工业互联网大会"标杆案例。中冶武勘以"安全可视化平台"作为风险监控主线，基于工业互联网和5G+北斗定位技术，以地理信息三维可视化技术为展现手段，以能源动态管控系统和经营管控系统为数据支撑，结合视频监控技术、5G+北斗定位技术、热红外测温技术，以直观高效的方式，实现了对钢厂液态金属安全可视化动态监测和煤气作业安全管理。

鄂钢全厂可视化平台包括煤气安全总线系统、液态金属安全总线系统、高炉数字孪生系统、循环水可视化系统、员工动态可视化系统5个子系统。该平台聚焦重点领域，着力鄂钢风险监控主线建设，实现了地理信息技术与钢铁运营技术的深度集成。其在煤气、液态金属本质安全的智慧技术应用上取得重大突破，属国内首创，实现了对煤气总线和液态金属总线及其他重大危险源的状态监控、智能分析和实时预警，为防范重大风险和应急处置触发创造了智能技术条件，为价值创造主线和能力建设主线保驾护航。

当前，中冶武勘正在尝试在系统中接入更多钢厂生产运行的数据，不断丰富可视化平台信息，逐步实现虚拟工厂与物理工厂的同步。通过将钢铁企业纵横交错的地上、地下管网和结构复杂的建筑及厂房内设备完整"搬进"计算机系统，结合工厂运营技术实现可视化动态管理。中冶武勘为智能制造的"孪生"工厂提供可以承载的空间信息平台，实现了对高炉全生命周期的"全方位孪生式"实时监测，实现了国内智慧工厂技术的重大进步。

生态数字化

生态数字化，即面向工程建设产业领域的互联网平台，构建全新的数字化生态。有实力的设计企业可以探索依托BIM、CIM、云计算、大数据、物联网等技术，实现对产业链人员、资金、数据和技术的有效集成，构建某些细分领域的产业链生态系统。绝大多数设计企业并不具备独立构建数字化生态的能力，尤其是涉及数字化平台打造以及运营。设计企业需要主动融入工程建设领域数字化生态，与华为、阿里等一些数字化基础设施服务商合作，以设计院的解决方案+互联网企业的硬件设施共同为客户提供集成应对方案。

数字化转型的支撑体系

数字化的组织体系

未来很多设计院的组织形态将逐步呈现平台化架构，加强市场、经营组织机构等以客户和市场为中心组织的敏捷度、稳定度和外部市场生态融合度。赋能强化业务、技术、运营、客户资源管理的平台，提升整合运作能力和链接能力。健全财务、人力、风控、审计、大数据等的资源池，不断完善管理体系、管控流程和强化核心职能与效能，提升管理+服务的柔性和韧性。

其中，通过平台建设赋能，强化业务、技术、运营、客户资源管理，提升整合运作能力和链接能力。同时，在数字化推进的不同阶段需要设计适合的数字化组织机构。目前设计院数字化机构的组织形态主要有数字化转型特别项目组、数字化转型办公室、嵌入式数字业务组等几种方式，如华建集团成立华建数创子公司、设计总院成立数智化事业部等。

数字化的人才体系

设计院数字化转型最终还是要落实到人才身上。离不开三类人才：一是数字化领导人才，即具备敏捷的数字化思维与数字化顶层规划、架构设计能力，能自上而下推进数字化转型的高级管理人才；二是数字化专业人才，包括侧重专业技术的技术型人才（如系统开发工程师），以及兼顾专业技术与业务管理复合型人才（如数字化产品经理）；三是数字化应用人才，即能基于不同场景应用数字化技术开展具体工作的管理人员和业务人员。在数字化人才的引进与发展过程中，需要重点思考如何建立数字化人才的招募渠道，如何促进业务部门和数字化部门人才的轮岗、流动，如何对数字化人才进行有效培训和培养，如何对数字化人才进行差异化的激励与分配等重点问题。

数字化的文化体系

文化作为设计院数字化转型成功的关键要素，需要形成相应的数字文化、变革文化、创新文化。积极拥抱数字化，通过数据来改变传统管理思路和模式，习惯用数据说话、决策、管理和创新。推进变革文化，用于探索，拥抱变化，自我颠覆，持续变革。崇尚创新文化，宽容失败，支持冒险，在数字化转型过程中更加积极和主动。

案 例
部分工程勘察设计企业数字化转型实施策略

设计院数字化转型是复杂、长期的系统工程，战略和执行并重，需要遵循"整体规划、急用先行、循序渐进、扎实推进"

的实施策略。战略规划需要自上而下，重视顶层设计，从企业战略逐层解码，找到行动的目标、路径，指导具体的执行。而数字化转型的执行则强调自下而上，在大致正确的方向指引下，积极进行基层探索和创新，将新技术和具体的业务场景结合，从而找到价值兑现点。设计院在数字化实施层面需要明确发展阶段与计划，明确每个阶段的建设目标、内容、投入、策略、成效等，从而保障数字化转型的有效推进。

"一把手"工程，高位推进。数字化转型需要以企业的发展理念、企业文化、组织管理和治理、业务流程等为基础，并需要结合内、外部环境变化不断修正。传统以IT部门为主推进的方式，很难实现系统提升的效果，需要以企业顶层规划、统筹部署为指引，整合全局资源贯穿实施。

以业务的数字化升级为牵引。开放洞察外部市场的个性化需求，以专业工程技术及数字资产为基础推进产品和服务的升级，并保持持续的创新与升级。以业务价值提升与运作效率提升为根本评判标准，推进体系流程优化与数字化平台化的双向结合，推进开放平台的资源整合模式、共生伙伴关系及生态融合价值网络的建立，支撑战略发展。

构建数字化领导力与创新文化。在整个企业范围内推广数字化思维，与全体员工共享这一战略。不断更新管理人员和员工的技能组合，重视培养多元化员工队伍。广泛采纳员工意见，特别关注年轻一代的敏锐洞察力。树立容错创新的文化氛围，建立"容错—纠错"的螺旋演进管理机制。

林同棪国际工程咨询（中国）有限公司
——企业在"一体化、国际化、数智化"的顶层战略规划下，积极与外部共同协作构建数字化体系

在"一体化、国际化、数智化"的顶层战略规划下，公司制定数字化平台构建、升级与赋能的三阶段目标。目前公司正处于数字化平台升级阶段。数字化体系主要体现在以下方面：①在数字化顶层设计方面，德勤负责构建公司数字化系统框架体系并组织实施；②在管理数字化方面，林同棪与Oracle合作构建数据库、与泛微合作构建协同办公系统，目前已实现公司层面业财一体化、项目过程管理优化升级、知识管理平台维护更新；③在业务数字化方面，林同棪尚在探索阶段，计划进一步发展智慧管廊等智慧业务；④在数字化服务方面，林同棪与纬衡合作构建CDS协同设计平台，目前已实现全项目的二维协同设计，下一步预备深入推广与实施三维正向协同设计。

长江水利委员会长江勘测规划设计研究院
——以水利数字化为抓手，重点打造研究型设计院建设的战略发展目标

结合未来三年打造研究型设计院建设的战略发展目标，长江勘测规划设计研究院在数字化技术与应用、科研平台建设方面加大投入力度，自2018年起在数字化体系方面取得以下三方面成果：①管理数字化应用方面实现了包括OA、项目管理、人力资源管理、财务管理、质量管理、三维设计、数据交互平台、手机APP等各类管理系统上线与运行，并对相应功能模块进行升级改

版；②在业务数字化应用方面，聚焦水利信息化全业务，重点对防汛减灾、水工程建设与运行管理、水务与水行政综合管理、水生态与水环境、农村饮水与农田灌溉、辅助勘察规划设计六大专业，开展技术咨询、产品研发、软件开发和系统集成四大板块业务；③在三维设计与BIM应用方面，初步形成从定位设计到功能设计到细部设计再到成果交付的正向设计流程，三维设计及BIM应用服务市场经营成效明显，已获业主委托，实施若干重点项目基于BIM+GIS的智慧工地建设。

黄河勘测设计研究院有限公司
——构建信息公司，以复合型人才培养与引进共同开展管理与业务数字化

2010年开始打造以数字工程中心为核心的创新团队，专注于CATIA V5三维设计研发、应用和推广；2016年基于3DE打造了具有企业特色的正向协同设计体系，形成协同设计、生产作业管理、培训推广"三位一体"的数字化设计体系；2018年基于BIM+GIS技术研发建设管理体系，持续深入企业级全生命周期管理APaaS平台。①依托国内外大型项目实践，开发定企业级多元化数字设计系列标准；②自主研发智能化程度高的专业程序，同时基于模块化应用场景及可视化管控，实现智慧运维、顶层规划与技术设计，构建"云、端、边"一体的信息化总体架构；③现有BIM应用能力认定人才达近200人，黄河勘测设计研究院有限公司将员工入职培训、基础培训、专题培训、高级培训相结合，辅以数字化竞赛带动人才学习与实践。

中国电建集团华东勘测设计研究院有限公司
——联合创建中国BIM工程研究院，
提升研发创新载体能力水平

基于"一个平台、一个模型、一个数据架构"的数字化顶层架构理念下，构建以三维数字化设计为基准、设计施工一体化、全生命周期的工程数字化解决方案体系。目前已实现三维及二维协同设计的全专业覆盖，勘测、设计、施工、管理、汇报展示的一体化。其下设研发中心，聚焦于全院信息化与数字化三维设计的技术引导与支持、产品数字化质量审查、软件二次开发、信息化标准制定，构建全专业、全业务、全过程协同设计平台。

武汉市规划研究院
——以规划量化技术分析为基础，
提升规划编制人员的生产效率

2018年武汉市规划研究院投入了将近1000万元的科研经费，开展了11项自主科研课题研究，进行规划量化技术分析的工作，涵盖了市面上所有的大数据在规划方面的创新使用。此规划平台定位为提供一个有效提高编制效率与规划科学性的工具，成立了以规划人员为引领的专班，涵盖规划、景观、设计建筑IT等多个专业领域，形成由规划人员提需求、技术人员做支撑的体系。

前端发力。通过建立建筑整体的三维模型信息管理平台，将尺寸、材料等各类信息进行集成、运算和分析，利用数字孪生技术，将实物产品与数字产品有机融合，在前端便做好建筑的虚拟模型，对整个建造过程进行模拟，并对整个建造过程进行实时管控，减少实际施工过程中的人力和物力浪费，提高建造效率。

提高工业化生产水平。将装配式建筑技术与机械臂、施工机器人等智能设备结合，减少现场的人工作业强度，重复性、机械性的劳动都交给机器人来完成或直接在工厂预制完成，提高施工过程的工业化程度，实现最终的无人化或者少人化的建造目标，应对"用工荒"的问题。

精细化建造。借助大数据、BIM等先进的信息技术，能实现全产业链数据集成，为全生命周期管理提供支持，进而更为精准地控制每个生产环节，把握建材的使用情况，对建造过程做到可控，实现资源利用效率的提高，减少建筑垃圾的产生，大幅度降低能耗、物耗和水耗水平，加快淘汰落后装备、设备和技术，促进建筑业绿色化发展。

从"单向监管"走向"共生治理"。以开放的工程大数据平台为核心，推动工程行业管理理念从"单向监管"向"共生治理"转变，管理体系从"封闭碎片化"向"开放整体性"发展，管理机制从"事件驱动"向"主动服务"升级，治理能力从以"经验决策"为主向以"数据驱动"为主提升。

8

拥抱资本市场

以IPO推进业务转型

资本化发展成为业内诸多企业的选择，有相当一部分企业将上市作为"十四五"时期实现的主要目标之一，已经开展筹备计划。诚然上市能够提高融资能力、建立品牌优势以及提升管理能力，同时也将面临决策权分散、经营成本上升以及经营风险增加等巨大挑战。另外，资本市场各板块在企业主体资格、经营年限、盈利情况、资产状况以及主营业务等方面均设置基本门槛，在当前证券发行采取注册制的背景下满足这些条件是前提，提高过会成功率还需要对标业内上市企业不断优化提升。

一旦确定上市意愿，设计企业将会以上市为抓手推动转型升级，围绕IPO审核所关注的企业业绩持续增长的能力、发展的独立性、经营及治理合规性进行优化提升。在业绩持续增长能力方面，要求企业既要保障体量规模不断扩张，同时能够巩固持续性盈利能力，重点关注现金流情况、主业集中度、区域集中度、客户集中度、行业预期增长率、应收账款等。在发展独立性方面，要求企业规避通过资本运作损害中小投资者利益风险，杜绝利益输送、关联交易，还原上市目的，重点关注企业独立性、关联交易、同业竞争以及募集资金投向等。在经营及治理合规性方面，要求企业对财务指标变更、会计处理方式等财务细节性问题进行说明，确保企业经营、治理合法合规，关注点聚焦会计处理、会计准则、关键财务指标变更等。基于以上审核要求，企业需要对战略目标、业务体系、管理体系进行重新梳理把握。

　　真正推进落实上市方案，成本测算是不可回避的话题。各企业根据自身规模、资产、用工等实际情况，以及募集资金额情况产生不同的上市成本。上市费用一般为融资额的5%～8%，主要由中介机构费用、发行与交易所费用和推广辅助费用三部分构成，后两者占上市成本的比例很小。上市后维护费用一般为60万～100万元/年。其中，中介费用机构主要包括券商保荐与承销费用（募集资金额的3%～5%）、律师费用（募集资金的0.2%～0.4%）、会计师费用（募集资金的0.5%）以及信息披露费用（募集资金的0.3%～0.4%）等。此外，部分企业存在制度调整带来的资金补缴以及隐性成本，涉及税务、用工规范、管理费用以及风险成本等，这也是企业在上市辅导期间需要梳理完善的。

以混改战略投资引入带来增量发展

　　当前，中央以及地方各部门将混合所有制改革（以下简称"混改"）作为国企改革的大方向，支持和引导国有企业引入非公有资本和集体资本，实现国有资本保值、增值，提升企业竞争力。混改本身是一个系统性工程，前期方案策划需要对改革目标有清晰的把握。通常推进混改可能会考虑达成三方面目标：一是引资源，利用体制改革契机引入外部合作方，带来关键性技术、人才、经营等增量资源，促进法治治理结构完善；二是共发展，以混改探索骨干员工持股，建立员工与企业之间利益、责任和风险共担的长期激励约束机制，形成良好的内部动力机制和监督机制；三是谋上市，将上市作为改制工作阶段性目标，推动完善治理结构，提高管理水平，提升企业综合竞争力。同时，将上市作为改制工作的阶段性目标，有利于后续战略资源的引入，为未来战略目标实现奠定基础。

　　在混改目标框架下，设计院需要对关键问题进行深入思考。在战略投资（以下简称"战投"）引入方面，设计院结合新业务拓展、技术实力提升等多重诉求，通常会考虑1～3家综合实力较强的战略投资者，通常至少1家为非公企业，从行业竞争力、战略契合度、资源唯一性等维度评判，选择能够为设计院未来带来增量式发展的战略投资者。近年来参与混改设计企业股权结构以及战投引入情况见表8-1。

近年来混改设计企业股权结构以及战投引入情况　　表8-1

企业名称	股权结构及战投引入情况
深圳市建筑科学研究院股份有限公司	深圳市投资控股有限公司60%；骨干员工15%；战略投资者25% 中关村发展集团10%；（主业：产业投资、园区发展和科技金融） 深圳市英龙建安集团10%；（主业：商业、物资供销业） 深圳市创新投资集团有限公司5%；（主业：创业投资、股权投资增值）
深圳市城市交通规划设计研究中心有限公司	深圳市投资控股有限公司40%；骨干员工20%；战略投资者30% 清华启迪控股集团10%；（主业：物业管理、建设工程项目管理、投资管理、技术咨询） 联想集团10%；（主业：PC、移动、云服务、企业级服务） 高瓴资本10%；（主业：投资基金）
深圳市水务规划设计院有限公司	深圳市投资控股有限公司50%；骨干员工20%；战略投资者25% 深圳水务集团15%；（主业：给排水、水务投资运营、水务设施设计与建设） 深圳高速公路股份有限公司10%；（主业：高速公路的投资、建设及运营管理） 铁汉生态环境股份有限公司5%；（主业：生态环保、景观、文旅的规划、设计、研发、建设和运营）
中铁工程设计咨询集团有限公司	中国中铁集团70%；骨干员工20%；战略投资者10% 新华联集团6%；（主业：化工、矿业、房地产、陶瓷、就业、金融投资） 比亚迪股份有限公司4%；（主业：IT代工及智能终端制造、电池、乘用车）
上海市建筑科学研究院（集团）有限公司	上海市国有资产监督管理委员会40%；战略投资者60% 上海上实（集团）有限公司25%；（主业：实业投资、国内贸易、国有资产经营与管理） 国新控股（上海）有限公司10%；（主业：通信软件开发、通信设备制造、资产管理、管理咨询） 上海城投控股股份有限公司10%；（主业：实业投资、给排水、给排水设施运营、技术咨询） 宝业集团股份有限公司10%；（主业：工程施工、设备安装、建材、实业投资） 北京信润恒股权投资合伙企业（有限合伙）5%；（主业：投资管理）

如何下好并购这一步棋

结合企业战略的收购蓝图绘制

常见的收购蓝图需要深度结合公司的企业战略。如果公司战略中已经决策采用收购方式进入该目标市场，则这些战略意图需要在收购蓝图中体现。收购蓝图将涵盖收购方计划发力的产业板块、产业链环节、新业务及商业模式、创新技术领域、新进入区域市场等。收购蓝图的制定需要基于企业战略发展需要。不同企业的收购出发点差异颇多，导致各家单位收购蓝图的制定内容各有不同。

据天强2021年关于收购的调研结果，高增长企业的收并购出发点中，首先46%是基于对新增市场的业务尝试，从而快速进入创新市场领域；其次依次为快速聚拢人才、资源和资本（26%）以及业务组合及组织的调整落地执行（22%）。对于工程勘察设计行业而言，新业务、新专业、新部门的设立及调整也逐渐成为热门的收并购出发点。

收购的过程是收购方快速了解新产业、新技术、新区域的一个过程。通过对优质标的公司的广泛接洽，收购方能够进一步清晰自身战略中意图制定的方向具体是怎样的，以及能为自身带来哪些新的价值点。收购蓝图能够通过收购市场再次评估收购方自身战略的有效性，验证其比较优势。在多个收购竞争者对优质收购标的的竞逐中，收购方必须将自身比较优势与其他收购者进行对比。通过收购市场，收购方能够再次明确自身的比较优势所在。

收购蓝图能够以市场的方式评估收购风险。从市场竞争的角度，多个竞争者的收购标的往往更受市场青睐。这也从侧面证明其未来发展前景被广泛看好，个体发展状况更有价值，整体性价比更高，从而证明收购方的风险可控。

收购路线图制定要点

收购规划阶段中，收购方将制定明确且清晰的收购路线图。收购路线图中将整体考虑中长期和短期收购交易，平衡短期立竿见影扩大业务规模的项目，以及中长期拓展新领域的投资。另外，收购路线图中也需要考虑这些收购行为是由内而外的拓展，抑或是由外而内的战略突破的收购逻辑问题。收购路线图是基于目标的收购公司，形成的收购计划策略。与收购蓝图相比，收购路线图操作性更强，需要综合考虑时间进度节点、交易金额规模、行政法律等监管外部约束以及与该收购标的的链接逻辑。

并购交易往往旷日持久，但对于收购方，不仅业绩增长有明确的考核时间周期，关键领导岗位的任期更是有清晰的节点。收购路线图中应该清晰地评估并界定并购交易的时间进度范围。

交易金额规模。以自有资金开展的并购项目，其交易资金更多基于企业自身账上的资金储备。而另一些并购交易需要涉及母子公司资金审批和流转，需要有较长的决策程序。如以银行信贷及上市公司募资定增等方式开展并购，更需要对标的公司的交易金额规模有清晰的规划设计。

行政法律等监管外部约束。除去企业内部的资金及审批流程，行政及法律监管等外部约束条件对工程设计行业的并购交易有重要意义。例如，部分企业寻求资质交易，但地方行政监管部门对是否可以转移当地工程设计企业存在较大的审批松紧差异。

业务链接逻辑。企业对标的公司形成收购路线图之后，其收购逻辑需要及早制定，这将有助于投后整合。传统的收购逻辑更多为由内而外式的，即基于现有企业的产业链逻辑、区域逻辑、业务渠道逻辑对新的环节、领域、渠道做拓展。此外，产业风口使大量由外而内的收购逻辑成立。技术创新、模式创新、跨界创新带来的行业新增量以收购的方式，快速进入收购方组织中。

收购实施阶段要点

收购实施阶段过程包括具体如何谈项目、做尽职调查、谈估值、谈条款、交易结构搭建、论证具体标的收购可行性等。广义上的收购实施阶段将进一步纳入对标的公司的投后整合以及交易资产剥离等环节。

一家公司是否符合收购标准？判断一家公司是否符合收购标准需要经过评估、交易条款设定、标的筛选、收购前提完备、整合准备计划以及系统化一体化治理考虑等多个环节。

其中，收购工程设计企业有一般性标准和决定性标准。一般性标准筛选下的企业符合企业收购的基本要求，而决定性标准让收并购双方达成最终收购的意向。一般性标准是收购的基础标准，如标的区位、人员规模、营收利润等财务性指标，客户市场渠道、现有的产品类型和组合以及现有的股东结构等。决定性标准则是收购的关键标准。并购双方的关系是否坚实是建立优质并购的决定性标准。双方需要建立充分的互信、交易价位认同、双方心理认同，乃至需要形成双方专业水平上的认同。认同度越高，交易达成的可能性越高，也为后续经营提供保障。

收购方需要具备哪些能力？

为了有效执行收购这项长期而复杂的工作，我们认为如下四项能力是收购方的核心能力要求。

第一，价值共创能力。收并购双方应从现状出发，构建共同的未来愿景。其中，被收购方的关键骨干人才、优良文化及适用的工作方式，应该一定程度上在价值共创这个过程中得以保留。收购方牵头为主的价值共创过程中，也应该有被收购方的贡献之处。新的公司除了硬性规定外，更应该有柔性管理办法，以共同创造价值。

第二，并购整合能力。并购整合的过程要求收并购双方双向而行。具体而言，并购整合一般包括领导及人事整合、组织架构整合、业务流程整合、经营渠道及客户整合、产业链及供货商整合等。

第三，有机治理能力。如果将整合能力看作并购过程中刚性的一面，有机治理能力则是并购完成后柔性的一面。通过有机治理，被收购方能够更全面地参与到收购方的业务开展中，承担一定的战略目标和任务。这项能力将被运用到被收购方的绩效考核、激励与激励计划以及治理流程的梳理等经营反馈过程中，从而激发被收购方的积极性。

第四，风险控制能力。我们认为并购常见的风险主要存在于如下几个方面：对标的公司的估值有失公允，追求规模而对收购目的失准，对陌生收购领域缺乏管理能力，以及心理因素导致的过分放大或忽视收购标的存在的问题。量化的程序化评估能够进一步降低这一过程中的模糊空间，从而降低风险。

收购方需要为并购开展哪些准备工作？

收购方对并购工作需要开展一系列的准备工作，包括收购意识统一、内部决策流程清晰、资金储备清晰、组织架构调整准备以及对并购及整合周期的充分心理准备。

收购方内部对标的公司的认知和战略定位初步形成一致意见。收购方内部主要股东层、决策层、管理层需要对目标收购公司达成一致意见。这将有助于后续决策程序的有效推进。

收购方内部收购决策流程清晰。收购方管理层对收购项目达成初步意见，并提交董事会做决议。如交易规模达到公司法或公司章程规定的约定规模，收购项目需要由董事会提交股东大会做决议。上市公司收购需符合上市公司管理规定，并发布上市公司公告。

资金储备清晰且有筹划。并购投资对企业的资金支出有较大影响，收购方需要提前筹划资金来源，并且充分考虑其对生产经营活动的影响。

　　组织架构优化准备。根据收购标的性质，收购方需要以特有的模式融入其组织架构中。常见的整合方式有：为该收购标的做单独的深入整合，或者收购方构建平台发展模式，将收购标的纳入其平台组织中。

　　收购交易过程漫长且艰辛，而并购整合的过程更考验收购方的各项综合管理水平及能力。我们相信随着并购交易及整合经验的积累，收购方会逐渐树立应对并购整合难题的信心。

9

融入科技创新大潮

近年来随着市场环境不确定性和市场竞争的加剧，越来越多的企业开始加大对科技研发的投入和重视。从财务数据来看，2019年工程勘察设计行业科技活动费用支出为1520.5亿元，年增长29.1%；科技成果转让收入为2152.3亿元，年增长53.9%。同时，成果转让在营业收入中的比重也达到近年的历史新高。2019年，成果转让在营业收入中的比重为3.4%，较上一年提升了0.7个百分点，为近10年来最高值；科技费用在营业收入中的比重为2.4%，较上一年提升了0.1个百分点。2019年末，行业企业累计拥有专利245517项，其中新增专利45910项，年增长14.1%；累计拥有专有技术570094项，其中新增专有技术8013项，年增长20.2%。

科技创新对于勘察设计行业也不是一个新话题，因为行业属性就是技术和产品的应用，核心能力是要通过不断打造好的产品和技术，满足客户不断提升的对品质、效率等多方面的需求。随着信息网络、生物科技、清洁能源、新材料与先进制造等一批具有重大产业变革前景的颠覆性技术正在孕育，带来产业加速升级和变革，催生新的需求。智能技术的发展创造了工程建设领域的新产品、新需求和新业态，也带来发展的新动力。以绿色、健康为引领的科技创新发展，推动高效能、低能耗的绿色技术与产品发展，更加重视生态环保新的市场空间；互联网+的信息技术高速发展，改变了生活以及生产方式，信息网络增强了企业与企业、企业与人、人与产品之间的连接，将推动生产方式以及商业模式、思维方式的变革。地质勘探技术和装备研制技术不断升级，数据获取更加便捷，资源的开发利用更加高效，推动了国家产业创新和经济发展战略调整。面对新技术的冲击，带来产业升级新需要，行业内企业面临的市场空间也在调整，行业内企业借助科技的力量，加速探索业务升级和服务升级步伐。

当前科技创新被大多数企业定位在一项职能工作，主要解决一些项目的技术攻关问题，没有把科技创新工作聚焦到产品打造上，没有意识到通过技术创新可以将技术产品化，从而实现业务创新，乃至商业模式创新。因此，很多企业对科技创新重视程度不足。

在科技创新组织保障上，缺乏科技创新过程管理和激励机制。机制导向大多趋于追求短期效益，不利于有创新能力和意识的人才发挥作用，久而久之，形成恶性循环。同时，企业资源配置方面有限，相对封闭，自身能力不足，加之开放性不够，严重影响了科技创新的速度和深度。

科技创新要有战略导向性，要与企业发展战略相结合。要理清科技创新在内部的战略定位，进一步提升科技创新工作的战略紧迫性，聚焦核心竞争力建设，明确科技创新工作的重点内容。科技创新要有价值导向，要支撑业务运作效率提升、新动能打造。优化科技创新工作组织体系与机制，使日常的科技管理、知识管理与创新孵化在一个平台上进行有机管理，打造战略行动力。

建研科技股份有限公司　王翠坤董事长访谈
——建筑全生命周期服务的技术集成及创新引领者

"十三五"期间以服务国家现代建筑工程发展为目标，推进技术创新与升级之路

建研科技股份有限公司（以下简称"建研科技"）前身是国

家建筑工程部于1953年组建的建筑技术研究所，现隶属于国务院国资委管理的中国建筑科学研究院有限公司，集成了中国建筑科学研究院建筑结构研究所、建筑工程软件研究所、工程抗震研究所、建筑材料研究所优势资源。

"十三五"期间，建研科技以服务国家现代建筑工程发展为目标，立足建筑业转型升级，加强技术创新与成果转化，承担了"基于BIM的预制装配建筑体系应用技术""城镇建筑结构运维安全保障关键技术"等数十项国家重点研发计划项目、课题和子课题的研究工作，为建筑信息化、装配式建筑、高性能材料、工程抗震等技术创新与发展贡献了力量，在满足国家建筑工程战略发展需求的基础上，打造了一批具有高度自主知识产权的现代先进建筑工程技术。

建研科技拥有完整的科技研发和工程技术服务团队，汇聚了不同专业领域优秀的技术人才，依托公司高层次人才队伍，加强对建筑行业新技术、新产品的研发与应用，形成了适应当前工程现状、符合现代市场需求、满足未来发展需要的现代化建筑工程技术创新体系。公司加强对科技研发的支持力度，重视自主知识产权核心技术，"十三五"期间获得了百余项科技奖励，其中包含国家科技进步奖4项、省部级科技进步奖40项，逐步形成了以技术创新带动工程业务、以工程问题指导技术创新的科技研发与成果转化模式，将科技创新与工程业务有机结合起来，重视科技成果的落地生根与衍生孵化，建立具有高度自主创新能力的科技创新与成果应用体系。

形成了公司总体规划、部门分工协同、技术团队创新的三级科研管理体系

在中国建研院的统一领导下，公司立足国家发展需要与自身

发展定位，形成了公司总体规划、部门分工协同、技术团队创新的三级科研管理体系，以服务公司重大科技战略发展为核心，以各部门重点业务板块为依托，以高水平实体创新团队为主体，加强沟通、分工协同、合作创新，逐步在技术研发过程中整合公司各类技术资源，建立健全科技创新与成果转化体制机制，提高科技创新的主动性、技术成果的实用性、成果转化的自主性，让科技创新满足个人需求、符合部门预期、服务公司发展，形成健康、良性循环。

我认为建筑行业设计院所技术创新要着重考虑以下三个方面：首先，技术创新要围绕国家战略发展需要，集中力量解决制约行业发展的痛点、难点问题；其次，要紧紧围绕主业，集中资源实现突破；最后，要做好科研规划与成果转化的制度建设，建立科学的科研规划机制以及与市场相适应的成果转化机制，使创新技术成果尽快在市场中得到应用。

自主研发BIMBase平台，填补了国产BIM平台空白，且更能适应国内设计院需要

在BIM应用推广过程中，业主和施工企业对BIM应用的认可度较高，设计企业由于见效不明显，且增加了工作量，因此应用热情不高，仅在一些大型复杂工程设计中应用。为了使BIM技术能在国内更好地推广应用，国内多家科研院所、软件公司、科技企业纷纷针对BIM技术进行深入研发，目前有中国建研院、广联达、鸿业、天正、鲁班等一大批BIM各阶段、各专业应用软件；中国建研院研发的自主知识产权PKPM-BIM平台，可集成各类专业应用软件，以平台战略力图打通建筑全生命周期BIM应用。

作为完全自主知识产权的BIM平台——BIMBase平台填补了国产BIM平台的空白,具有以下几方面优势。

自主可控、数据安全。在当前错综复杂的国际环境下,中美贸易摩擦持续,美国对我国高新技术产业持续封锁和打压,中国发展对美国技术依赖的风险在不断加大。国内BIM软件市场长期被国外企业垄断,以之建立的建筑数据将存在巨大的安全隐患,特别是在国家军事设施、网络安全、重大科技专项等涉密项目中隐患尤为突出。建研科技旗下北京构力科技有限公司自研国产图形内核,拥有自主可控BIM核心技术,实现完全自主知识产权,保障成果数据安全、信息安全。随着我国数字城市建设的推进,包含城市所有基础设施和建筑项目的数字资产更需要有效的安全保证。基于自主知识产权的BIM平台和软件着力于保障数据安全、信息安全。

因地制宜、中国特色。在保障信息安全的同时,基于自主可控BIM技术更有利于研发适应中国建筑工程标准和工作流程的BIM应用软件,同时能根据国内工程师的使用习惯把软件做得更易上手,专业深度更强,针对本土化需求响应更迅速,使BIM技术得到更广泛深入的应用,为今后建筑业数字化转型、智能建造和数字城市建设提供强有力的技术支撑,助力行业转型升级与高质量发展。

大容量、高性能。BIMBase平台与云技术、人工智能、物联网、GIS等技术相结合,支持不同行业的数据定义和可扩展性服务,操作更流畅、渲染效果更好、大体量模型加载能力更强、精细建模能力更强。

多端协同、轻量浏览。BIMBase平台支持桌面端、WEB端和移动端多端协同。通过BIMBase平台集成各参与方技术成果,提供多方协同工作模式，消除信息孤岛，实现了全专业和全流程数据共享与协同工作。通过模型参照、互提资料、变更提醒、消息通信、版本记录、版本比对等功能，强化专业间协作，消除"错漏碰缺"，提高建造效率和质量。多专业数据应通过数据库存储来避免数据过大时的模型拆解，通过模型轻量化实现互联网、移动设备和虚拟现实设备的应用。

应该看到，信息技术创新日新月异，数字化、网络化、智能化深入发展，在推动经济社会发展、促进国家治理体系和治理能力现代化方面发挥着越来越重要的作用。党的十九大报告在论述创新型国家时，提出了"数字中国"的概念，为中国特色智慧城市的建设指明了发展方向。未来，建筑软件将向着以BIM为核心，集成互联网、云计算、大数据、人工智能等现代信息技术的智慧建造方向发展。

未来基于"建筑全生命周期服务的技术集成及创新引领者"战略定位提供技术服务场景

建筑全生命周期服务包括策划与咨询、规划与设计、建造与生产、运行与维护（建筑物性能及室内环境智能化控制与评估）、改造与更新等建设项目产业链各环节，可分为四个阶段，即策划阶段、设计阶段、施工阶段、运营阶段。技术集成与创新指系统化地将自研技术与公知技术、有效专利相融合，集成为完善的技术解决方案，为市场提供面向建筑全生命周期的建筑技术创新、产品创新、服务模式创新。引领者指立足于国家队品牌优势以及科研能力优势，紧贴行业发展和用户需求升级，引领创新技术落地实践。

建筑数字化是实现建筑全生命周期管理的技术基础，目前建筑全生命周期管理的最大障碍是各环节的割裂，策划阶段、设计阶段、施工阶段、运营阶段的数据无法协同交互，BIM技术作为多维模型的建筑信息集成平台，可以集成建筑物从设计到运维的全生命周期工程信息，实现跨专业、跨阶段、跨领域的数据流动，为建筑全生命周期管理提供数据支撑。BIM不仅是从二维绘图到三维模型的技术革新，更是生产方式和管理模式的变革。

建研科技旗下北京构力科技有限公司（PKPM）是建研院在信息化方面的专业软件公司，在计算机软件技术革新方面具有优良的传统，20世纪在国内设计院还在"趴图板"绘制图纸的时候，建研院便率先采用CAD进行二维平面图的绘制。当结构设计师还在手算配筋的时候，建研院就自主研发了结构计算软件，是时代浪潮中的行业领头羊。近几年，在建筑行业数字化转型方面，积极承担关键核心技术攻关相关工作，牵头自主可控BIM技术研发，参与编制了我国BIM技术标准，在数字建筑、数字城市和新基建领域进行了创新性研究和探索；推出了基于自主平台的装配式混凝土结构设计软件PKPM-PC，为装配式建筑结构设计、工厂加工提供可靠技术支撑；深度参与了雄安新区BIM管理平台建设，主导或参与了湖南省BIM智能审查平台、广州市CIM平台、南京市BIM审查平台、天津生态城BIM平台等新技术试点，积累了宝贵的经验和基础数据，为行业转型升级作出了贡献。

服务集成化是建筑全生命周期管理的手段。市场环境要求设计企业不断进行服务模式、服务内容上的创新尝试和突破，如工程总承包、全过程工程咨询、设计总承包等，设计院的工作内容从原先只做设计正在向提供集成化服务方向发展。在这种形势下，从业单位在继续深耕公司传统领域的基础上，要更加注重与产业链上下游的融合发展。建研科技摒弃过去单点式发展，转变为产业链协同发展，使业务服务覆盖从前期策划到项目实施直至后期运维的全流程。

建筑改造是建筑全生命周期管理的必要补充。随着时间的推移和技术进步，既有建筑在使用功能、设施设备、安全、节能等很多方面逐渐难以适应需求。在建筑全生命周期的后半段，合理化改造建筑，提升建筑功能，达到使用性与经济性的统一，是全生命周期的必然要求。建研科技在国内率先开展了既有建筑改造和城市更新的研究工作，积极搭建改造相关学术平台，引领我国既有建筑改造从单项改造向综合改造的跨越，建立了从设计施工到评价的工程全过程标准体系，并进行了广泛的工程实践，在中国人民革命军事博物馆、国家博物馆、工人体育场等国家重点项目的改扩建中发挥了重要作用。

"十四五"时期基于未来围绕绿色建筑、建筑产业化以及城市更新领域市场来布局技术创新与应用开发

新冠肺炎疫情从初期的防控到现在对企业、经济的影响，引起了一系列变化，回过头来看，这一切的变化实际上并没有改变行业发展的趋势，反而加速了行业发展格局的演变。突如其来的新冠肺炎疫情在短期内对我国各行各业造成了很大冲击，建筑行业也不例外，从长远来看，疫情对我国建筑行业的发展不会产生根本影响，但将倒逼建筑行业技术进步和革新，为建筑行业提供了新的发展机遇。首先，智慧城市建设将加速发展，疫情再次给我国城市治理敲响警钟，迫切要求以智慧城市与智慧建筑为手段的城市功能整体提升，这其中蕴藏了巨大的市场潜力。其次，健

康建筑的理念将更加深入人心，疫情暴发以来，大家对健康更加重视，大部分人度过了很长一段居家隔离时间，对建筑是否能提供健康的生活环境提出了更高要求，这些需求升级会在未来一段时间内逐步释放。再次，建筑工业化迎来发展新机遇，疫情期间建造的火神山医院、雷神山医院体现出装配式建筑的优势，而从中长期来看，环保、人工压力也决定了建筑装配化、工业化是建筑行业未来发展的方向。

当前，我国正处于"十四五"规划开始的关键节点上，我国经济正从"高速增长"向"高质量发展"转变。我国已经进入城市化中后期，城市发展进入城市更新阶段。就建筑行业而言，主要有两个重要特征：一是城市由大规模增量建设转为存量提质改造和增量结构调整并重；二是从"有没有"转向"好不好"。作为中央企业，公司在"十四五"时期战略重点为以下几个方面。

第一，落实城市更新行动，推动城市高质量发展。2020年12月11日召开的中央政治局会议，首次提出了"需求侧改革"，2021年全国住房和城乡建设工作会议上，王蒙徽部长再次提出"全力实施城市更新行动，推动城市高质量发展"。实际上，为满足人民对美好生活的向往，城镇老旧小区改造、历史文化保护、建设海绵城市等政策举措已经相继出台。我们作为建筑科学领域的"国家队"，有着深厚的技术优势和人才积累，应该发挥更大作用。

第二，响应乡村振兴新要求，建设现代宜居新农村。2021年初，国家乡村振兴局正式挂牌成立，标志着我国脱贫攻坚战取得了全面胜利，同时也是国家全面实施乡村振兴战略的开始。乡村振兴战略的实施，对宜居农房建设提出了明确要求："功能现代、风貌乡土、结构安全、成本经济、绿色环保"（《中华人民共和国乡村振兴促进法（草案）》。党的十九届五中全会审议通过的《中共中央关于制定国民经济和社会发展第十四个五年规划和二〇三五年远景目标的建议》中明确提出提升农房建设质量。囿于长期以来城乡二元化的管理体制，以及技术经济发展水平的限制，我国广大村镇地区的房屋质量参差不齐，防灾性能低下，宜居性差，建筑风貌不美丽，即使近年新建的农房也不同程度存在这些问题，与新时期乡村振兴的目标还有较大差距。建研科技在农房建设标准、技术体系、装配化施工等方面具备大量技术积累，可以为乡村振兴战略提供强有力的技术支撑。

第三，立足建筑业数字化转型新机遇，发展智能建造新产业。近些年，数字经济与实体经济相融合的趋势已清晰明了。就建筑行业来说，随着BIM、CIM技术的深度应用，智慧建筑、智慧城市、智能建造代表着新的发展方向。同时，工程建设项目审批制度改革逐步深入，我们积极参与了住房和城乡建设部有关试点项目，下一步还将提供更优质的解决方案以及更可靠的技术支撑。

面对建筑行业增量与存量并存、高质量发展的新形势，建研科技重新梳理业务条线，明确了软件与信息化、全专业设计与咨询、建筑改造和城市更新、建筑工业化与建材产品四大业务板块，并在四大板块上逐步拓展和延伸服务内容。软件与信息化板块，在不断完善建筑设计专项工具类软件的基础上，积极承担关键核心技术攻关相关工作，牵头自主可控BIM技术研发，在新基建和数字城市领域进行了创新性研究与探索。全专业设计与咨询板块，打造覆盖方案策划、规划设计、综合设计、专项设计的"大设计"模式，以及全专业建筑技术咨询+全过程工程管理的"大咨询"模式。建筑改造和城市更新板块，进一步强化前期策划咨询和项目总体规划能力，形成覆盖城市更新业务领域的全过程工程咨询和工程总承包业务能力，重点打造改造更新与健康建筑、建筑工业化、BIM技术、智能建造等新技术的融合应用。建筑工业化与建材产品板块，整合公司内部现有建筑工业化相关资源与能力，与外部资源合作，扩充和提升市场开拓能力，将业务拓展到项目设计、项目施工管理、产品研发创新、装配式建筑技术质量管理以及后期服务等环节，为客户提供建筑工业化一体化解决方案。

为促进业务发展，公司在内部管理方面做出以下几方面举措。

（1）加大力度培育优势创新业务

公司在建筑软件信息化、建筑工业化、建筑改造成套技术等方面具备较强的技术储备和人才优势，下一步要加强优势技术创新融合，强化建筑软件的平台化、智能化发展，强化装配式建筑、建筑改造中的数字化、信息化水平。在建筑软件领域，一是为建筑行业的发展做好技术支撑。在工具支持方面，加大自主研发国产BIM软件和底层平台；在标准规范方面，协助地方政府建立模型交付、模型审批和数据交换等支持文件；在制度审批方面，建立三维报批报建和施工模型审查系统简化审批流程，积极推动国家部委确立模型交付审查的合法地位。二是引领行业技术发展。在建筑设计方面，推动"BIM正向设计"理念的落地；在生产施工方面，建立建筑全生命周期管理系统，做好三维模型的上通下达；在智慧运维方面，积极探索BIM在运维中的功能应用和数据支撑。

（2）建立多层次的研发体系

创新源于研发，只有科学完善的研发体系才能带来源源不断的创新成果。在建研院统一领导下，公司建立了院—二级部门—技术团队的三级研发体系，明确各级研发层次的任务、目标、责任主体及运行机制等内容，建立完善的组织机构，加大多渠道科研投入，坚持服务国家、引领行业和鼓励创新的研发战略，开展行业基础性、共性技术研究，在建筑信息化、建筑工业化、城市更新等重点方向开展关键技术的研发工作。

（3）管理模式向数字化方向转型

管理模式的数字化转变不仅是技术问题，更是观念和管理变革的问题。我们将用互联网思维重新审视业务模式、管理模式和运营模式，以价值创造为导向，重构数字化管理流程，强化中台能力建设，实现协同办公系统和业务管理系统有效衔接。同时，要充分挖掘积累到数字平台中数据信息的价值，为生产经营工作的科学决策提供数据支撑。

未来将会与各行业优秀企业共同深度挖掘BIM技术给建筑业带来的无限可能，致力于构建基于自主知识产权的BIM智能平台、建筑产业互联网、智慧园区、AI建模等建筑行业新应用

不同行业由于行业自身发展阶段和行业业务特性等差异，信息化的成熟程度、建设重点、发展路径和作用效果各不相同，但随着新技术的发展，各行各业的信息化融合发展趋势越发明显。移动通信、物联网、大数据、人工智能等现代信息技术快速发展和广泛应用，形成了数字世界与物理世界的交错融合和数据驱动发展的新局面。BIM技术结合物联网、人工智能、大数据和移动通信，建立基于自主BIM平台的软件开发、资源共享和个

性化应用的云服务生态体系，构建产业互联网，实现信息全过程、全要素、全参与方的数字化、在线化、智能化。

与华为、科大讯飞、国网经研院等企业的合作聚焦于云计算、大数据、物联网、移动互联网、人工智能等当前热点ICT技术。中国建研院与中信工程各自在建筑行业具有一定优势，联合研发国产BIM平台软件对于打造基于"互联网+BIM"的中国智能建造全产业链平台，共同打造基于国产BIM软件应用的核心生态，携手构建建筑产业互联网，积极推动建筑行业数字化转型发展。

在与外部合作方面，建研科技始终秉持积极开放的态度，坚持"共创、共建、共享、共赢"的合作模式，践行服务国家、服务行业、服务客户的理念。具体到软件领域，打造了基于BIM技术的建筑工业互联网平台BIMBase，已在建筑工程、国防军工、轨道交通、石化能源、电力电网等多个行业得到应用，为中国BIM软件生态提供统一的数字化平台和二次开发服务，为各行业提供基于自主BIM技术的数字化转型整体解决方案。今后，建研科技希望与建筑行业上下游企业紧密合作，实现协同发展，同时，顺应工业互联网对各行业融合发展的需求，广泛与信息、能源、教育、卫生等各行业开展合作。

第四部分
知行合一

∨

"能够实现的吹牛就是战略，不能实现的战略就是吹牛。"这虽然是一句笑谈，但也侧面说明了战略落地的重要性。企业的战略构想需要有效落地，否则就会沦为空谈！在过去的一年多时间里，天强管理顾问直接服务了120余家行业内企业的"十四五"战略规划咨询工作，感受到最大的变化是企业对战略规划的重视程度显著提升，希望真正发挥战略引领作用，驱动创新发展。

战略规划制定完成之后，真正的考验才刚刚开始，"是否能以更快的速度、更高的完成度，将构想变成现实，在重构中实现新生"将成为时代企业的鲜明表征。

构建"5S全生命周期战略管理体系"，将战略的构建、落实、监控和修编形成一体化管理。有效推进战略共识，激发员工参与感，树立统一的评判标准，对战略发展方向、发展节奏的把握等形成统一认识，再围绕实现转型发展方向、发展目标，谋划战略路径与战略举措。

推进企业变革，构建新动能的业务布局，区域布局强化战略资源整合与管理，聚焦"客户需求""价值服务/产品""收益"作为业务布局突破点。打造具备平台化、生态化、智慧化、协同化特征的韧性组织。打造高效能人才团队，设计企业的人力资源工作重点逐步从传统的六大模块向人才发展（talent development）转型。

强化资源链接与整合，改变过去相对单一的内生型发展模式，综合构建全新生态化发展模式。重构资源体，撬动企业自身所在的资源生态圈的价值。走出生态圈认知误区，确立适应时代要求的生态理念。资源生态圈就是企业与具有利益相关的不同组织和个人间进行协作，通过有效链接、相互赋能、资源整合形成完整、高效共生的商业生态系统，并产生外向竞争力来应对市场需求的变化和未来的竞争，实现可持续的共同发展。

10

战略落地

"5S全生命周期战略管理"推动落地

从企业变革实践来看，战略规划的落地比例不到10%，原因主要有四方面。

战略共识程度不够。战略没有共识，基本上就无法落地。没有人会拒绝改变，但基本上所有人都会拒绝被改变。战略共识决定了战略落地的难易程度。对待战略，很多时候企业还是用传统的管理计划的思维进行分解和分块执行，而原有的职能体系难以适应新的运作逻辑与组织模式，因此导致新的战略规划难以落地。同时，不同的战略定位需要不同的战略思维。战略思维决定了企业的内部价值导向，内部价值导向决定战略规划是否能够有效落地。

战略管理体系不完备。战略实施和战略管理很多时候受限于传统的管理基础、文化氛围、体制机制和资源禀赋等。很多时候企业确定和勾勒了非常好的战略规划，但是多数情况下还是在原有体系框架下运行，这就导致了战略难以落地或落地效果不佳。战略管理是一个完整的工作体系，需要考虑通过刚性的计划和实施评估相结合来推进全生命周期的战略管理体系。

资源体系不匹配。多数企业普遍面临着资源不足问题，大多会涉及资质问题、人才结构问题、技术问题、管理问题、资本问题、生态资源问题等，尤其是当企业进行新型业务开拓时，资源短缺的矛盾会更加突出。很多时候会陷入"先有鸡还是先有蛋"的逻辑漩涡中。这就需要企业采取对应举措来吸引、集聚和激发相应的资源，需要企业从战略层面、组织保障、体制机制、文化构建等方面进行系统部署。

实际上，每个单位都面临缺失资源的困扰，但是很多时候企业自身的资源发挥往往又是不到位的。资源结构、资源禀赋等难以支撑企业充分发挥资源的全部实力。以集成业务能力的提升为例，集成业务能力的提升需要内、外部资源的整合，但是在落地的时候，原有的机制一般情况下是两级管理和产值导向，这就导致企业内部缺乏对应的机制来对接资源、匹配战略。因此，资源问题的关键在于资源的利用、资源的激发和理念革新。

变革领导力不足。对于设计单位而言，多数领导是技术专家出身，在领导力提升、管理能力提升方面投入不足。这种状况在过去产生的矛盾还不是很突出。但是不确定的环境中，设计企业想要健康持续发展，企业家的重要性便日益凸显出来，企业家是企业的指南针和动力来源，是战略执行和企业变革的核心力量，决定了战略执行的方向和决心。

处于关键转型期的行业企业，正面临着升级传统动能、培育发展新动能的双重挑战，必须实现业务转型、组织、人才、资源与能力的协同高效。相较于"十二五""十三五"时期的战略咨询，"十四五"时期的企业发展战略普遍关注系统化战略实施管理体系的建设工作。

结合天强的咨询实践，我们提出"5S全生命周期战略管理体系"，将战略的构建、落实、监控和修编形成一体化管理（见图10-1）。

战略规划体系是企业面向未来发展的总体指导纲领，也是5S全生命周期战略管理的起点，确定了整体发展方向、业务布局与相关业务单元的发展方向、中长期战略目标和重大战略举措。

战略行动体系是基于战略规划对战略举措进行分解，制定行动计划和资源配置预算，落实战略举措，并每年进行战略检讨。这也将成为相关业务单元、部门的绩效目标确定的基础。

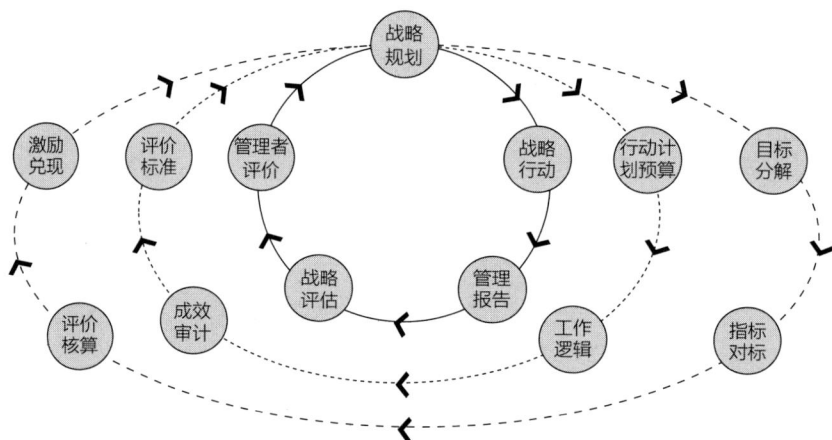

图10-1　5S全生命周期战略管理体系

　　管理报告体系并不同于企业内部的总结报告，其更加强调对战略执行过程和结果展开多维度分析的内部报告，是以价值创造为研究核心，以行业分析与对标为基础，对战略行动体系方案实施情况进行跟踪，服务于下一步决策参考。同时，也将为绩效目标考核提供依据和参考。

　　战略评估体系是对战略执行过程和结果的评价，包括战略执行的方向、行动计划与战略的一致性、战略实施结果等。战略评估结果为公司整体绩效评价、部门与管理者的绩效评价提供依据。

　　管理者评价体系是依据战略实施评估结果对管理者进行考核奖惩。管理者评价标准依据战略规划与战略行动的分解而确定，并依据管理报告体系和战略评估体系的评估形成过程适任性评价、业绩价值评价等结果，进而对其激励、后续使用等形成决策依据。

推动战略落地的关键要素有哪些？

　　强化战略思维。战略思维是面对企业管理、军事管理、国家管理等实际问题，对运用抽象思维所形成的若干相关因素，连续地、动态地、全面地度量这些相关因素的变量变化程度，并找出这些相关因素在数量变化程度上相互影响、共同变化的规律性，以发现的这些规律性为基础，以形成的目标格局为导向，促使现实问题从当前状态向目标状态演化。

所谓的战略思维能力，实际上是善于观大势、谋全局，正确地把握事物发展的总体趋势和方向，善于从根本上来解决问题的能力。对于设计企业而言，面对未来几年的发展，需要真正提高全局性、整体性、前瞻性、创新性。战略思维的表征体现为战略的目标和战略的行动。因为需要战略，所以我们才进行战略思考！

重构组织逻辑。传统的组织逻辑是管控的逻辑、是集分权界定的逻辑、是权责利界定的逻辑。过去的管理是解决集权和授权的问题，而现在组织逻辑要逐步转向从管控到赋能，去有效赋能每个团队、每个部门、每个员工。否则原有的矛盾（如原有院所两级制、挂靠等粗放式的经营）将会在企业的发展势头放缓后爆发出来。过去很多设计单位的关注点是占有更多资源，但是将来需要的是如何更好地激发资源、整合资源、发挥资源、嫁接资源。

当前，企业在开展合作过程中都谈及"生态合作"的概念，融入生态需要企业从原有的索取逻辑转变到给予逻辑。合作需要将自己的后背留给伙伴，找到值得信任的伙伴，进而给予伙伴绝对的信任。

在内部组织方面，现在提出的观点为：构建灵活前台，强化中台和坚固后台。这不是一个组织架构的调整和重构，而是组织理念的升级和重构，其内核在于打造赋能型的平台。

升级资源思路。资源管理理念的转变需要从原有占有资源过渡到建立生态资源体系，逐渐告别传统资源的依赖，转向关注数据资产、生态资源。生态系统的治理和管理将成为未来资源管理的核心，因此企业需要从思路和内核上改变对资源的理解。

优化变革路径。很多战略落地都是伴随企业系统变革进行的。变革又一定会涉及组织变革，组织变革不仅需要企业打破原有的利益格局，更需要打破原有的习惯模式。更深层次的是，变革路径的设计需要深入思考专业人才（设计企业知识分子集中度较高）的能力和优势如何能够进一步体现，充分考虑他们的心理感受，减少变革对他们所带来的负面影响。变革之路是螺旋式上升、持续不断的，所以前期的变革路径的设计显得尤为重要。

如何有效推进战略共识？

很多单位制定了战略规划，实施效果却不佳。战略规划的落地执行除了受资源、组织保障等方面的因素影响之外，很关键的问题可能在于战略有没有在团队中达成共识。没有达成共识的战略，难以付诸行动。当前企业在推进战略共识上主要存在以下几方面的问题。

第一，面临系统与局部的冲突。行业发展的不确定性在增强，战略规划，特别是"十四五"期间的战略发展，对企业进行系统变革的要求更高。但部门普遍关注局部、短期利益。企业不同层面人员关注点和价值诉求不同，对哪些问题应该在战略层面重点解决各执一词。例如，基层员工普遍关注薪酬、职业发展通道等问题，中层干部普遍关注经营指标、内部流程、部门协作等内部管理方面的问题，高层领导普遍关注公司在上级集团的定位、转型发展方向、商业模式等系统发展方面的问题。

第二，推导逻辑与构建逻辑的冲突。在讨论战略的时候，有两种思路一直在"打架"，并且往往很难平衡。是基于当下，看企业未来能做什么；还是立足未来，思考现在做了什么才能有未来。当战略的很多事情落入"先有鸡还是先有蛋"的思维里，很多迷雾就无法拨开。

第三，探索先行与齐步走的冲突。企业不同个体风险偏好不同、认知的广度与深度不同，往往影响战略决策。有人倡导快速试错、小步快跑，有人提倡慢慢地稳步前行，尤其是中高层领导的性格特征会影响到企业的战略选择，以及日后应对业务发展不确定时的心态和处理方式。

如何促进战略共识？主要有以下几个方面的思考。

第一，激发员工参与感。通过多种方式让骨干人员参与到战略研究与制定过程中，从目的看，有些旨在提升员工对发展环境的认识，有些在于促进员工对战略规划全局或某一主题的思考，有些在为更高、更深层次的战略研讨渲染氛围。企业可结合想要达到的效果和实际情况选择适当的方式，在过程中塑造企业内部视角与外部视角相结合的系统观念与思考。

以提升员工对发展环境的认识为例，可结合"十四五"规划热点话题选取对战略规划影响重大的主题，如战略规划的意义、员工转型意识、宏观/行业环境总体研判、战略选择、高质量发展、外延式发展、数字化转型、组织模式改革、国企改革、人力资源建设、企业文化等，策划相关内部学习材料或专题培训，加深员工对内、外部环境的认识。

第二，树立统一的评判标准。战略涉及多层次的问题，并且层层深入。一个完整的战略规划，需要清楚回答以下四个问题：一是战略发展方向，要有一个令人振奋的愿景、清晰明了的发展定位；二是主要战略目标，要能回答未来定量目标以及关键定性目标；三是业务发展战略，明确未来业务拓展方向，并对每块业务未来的价值贡献提出具体要求；四是实现目标的战略举措，战略举措必须是让人看后就能明白要做什么的描述。面对多层次的问题，要用系统思维，立足企业整体，先就顶层问题，如战略发展方向、发展节奏的把握等形成统一认识，再围绕实现转型发展方向、发展目标谋划战略路径与战略举措。

第三，关注关键人群的共识。战略是做选择，在进行选择时，很难做到所有人想法一致。因此，更需要与战略相关的业务、管理人员以及新业务、新工作的牵头人员就关键问题达成共识，先摸着石头探索，塑造变革成效，以关键少数带动大多数。

第四，开好战略研讨会。一场高效、务实的战略研讨会具备以下特质：一是问题导向，聚焦问题，开展研讨；二是准备充分，包括会议氛围的打造、研讨材料的准备、与会人员就问题的思考等；三是达成共识，会议要形成结论，并与后续的工作相结合。组织开展战略研讨会，需要关注以下几个方面。

（1）议题设计：根据战略规划的阶段和关键问题选择合适的议题

一个常规的战略规划项目通常主要包括研判形势聚焦问题、设计解决方案、落实战略实施保障几个阶段。

研判形势阶段，一般是对企业面临的内、外部环境进行分析研讨，针对外部环境与企业内部资源能力不协调、不匹配之处，明确战略期的中心任务。

设计解决方案阶段，是战略研讨较为密集的阶段，重点研讨企业选择做哪些正确的事情以及如何正确地做事情。企业选择做哪些事情，即围绕战略定位、总体发展思路、业务发展战略等关键问题进行研讨；如何正确地做事情，重点是驱动业务部门根据公司的战略指引进行细分业务领域发展环境分析和市场洞察，对洞察到的机会点、业务发展策略进行讨论、决策和达成共识。

落实战略实施保障阶段，关键是将企业的总体战略按不同的实施阶段进行层层分解和细化，找到具体的执行部门、执行人。

（2）与会人员的选择：结合会议议题，选择适当的参会人员

企业内、外部环境分析主题研讨，参会人员范围较广，通常包括企业中高层人员，也可以结合企业实际进行更广范围的拓展。

总体发展战略研讨会，主要是企业高层围绕企业顶层设计议题进行研讨、达成共识；业务发展思路研讨会，可以是中层以上管理人员，如果有业务核心骨干人员，也可以邀请参加。

落实战略实施保障会议，可通过战略管理部门驱动各业务部门、职能部门围绕公司总体战略和业务发展战略，思考支撑业务发展的战略关键举措，所以参会人员一般为各部门负责人以及与战略实施密切相关的人员。

（3）会议召开：高效的沟通研讨

一场战略研讨会，想要解决的问题可能多种多样，为了高效地解决问

题，会议的主讲人或主持人的引导作用十分重要。要明确发言规则，如发言时间要求、发言内容等，避免大家只谈问题不提建议，当会议死气沉沉时，要能够营造良好的氛围，避免无人敢言或一言堂，当发现讨论过于发散，主持人要礼貌地提醒参会人员聚焦当前的议题。

（4）会议结论：总结会议要点，明确下一步行动清单

主持人要就研讨达成的共识、存在的分歧等总结会议要点，并与后续的工作相结合，同时最好将会议重大决策和后续的行动文字化，留下记录并确保战略规划按既定的节奏推进，避免会上很热闹、会下不了了之的有始无终的状况出现。只有通过研讨并达成共识的战略，各部门在执行时才不会找借口，因为这个战略是他参与一起制定出来的，甚至有些目标和举措都是各部门自己提出来的。

当一个组织对战略有高度共识的时候，大家不仅理解了公司战略意图，也认同了公司战略。通常情况下，人们对自己认同的事情也更愿意付诸行动。所谓"三分战略，七分执行"，达成共识的战略才真正具有指引意义，避免"规划规划，纸上画画，墙上挂挂"，切实将战略规划落到相应战略行动上。

11

企业变革

构建新动能的业务布局

区域布局

以城市群为代表的城市发展重点转变，统一开放的市场化改革趋势、不断提升行业风险防范意识等多重因素推动行业企业朝区域化、全国化趋势演进，区域拓展的意图不只是为获取项目，更有对整体业务体系布局的思考与把握。区域分支机构的布局与选择应把握三个主要决策因素：一是区域机构定位，二是区域机构运作模式，三是区域选择。

在区域机构定位方面，传统分支机构常常是已有业务的领域延伸，一定程度上具备区域资源对接的功能。"十四五"期间需要结合分支机构的资源能力与业务成熟度的系统评估进行差异化定位。其大致分为市场经营窗口、业务或产品线拓展与执行主体以及区域中心三类，从前到后定位不断升级。部分企业甚至出于区位优势、资源整合等角度考虑，将重点分支机构以第二总部的形式进行定位构思。

在区域机构运作模式方面，基于区域机构的整体定位，对区域机构的主要权责、管理模式，以及资源配置作出相应调整。市场经营窗口的区域分支机构建议被定位为成本中心，设置为属地办事处，负责区域的市场信息收集与跟踪、市场空间预测、客户关系开拓与维护，以及主要项目前期工作执行，配置若干具备商务与技术人才，由院总部市场经营职能统筹管理。业务或产品线拓展和执行为主的区域分支机构，建议被定位为半利润中心或利润中心，按照虚拟法人进行管理，负责区域市场开拓、项目执行，以及参与相关业务或产品线技术创新工作，配置齐全经营管理与技术发展人才，市场经营、项目进度、质量等方面管理均纳入总部相关体系进行一盘棋总体管理。区域中心定位的相关机构，有条件的可设置为子公司，定位利润中心，强化属地战略资源整合和管理，充分利用属地化人才，深度联系和影响属地化市场资源，并结合相关业务与产品发展要求，积极吸引战略合作伙伴或技术资源引进。

在区位选择方面，基于未来战略定位与业务架构的设想，"十四五"期间大多数设计院将会考虑向本地以外市场进行探索与拓展，尤其是围绕国家重点城市建设与发展区域的布局，由此形成本地市场持续深耕以及非本地市场的探索两个布局方向。后者往往重点考虑围绕雄安新区、长三角地区、粤港澳大湾区，以及成渝城市圈等热点区域开展市场渗透与争取，借助原有的品牌、技术等优势资源向新区域市场开展大力宣传与覆盖。在相关市场区域内通过资源整合、收并购等手段实现属地化开发与运作，进一步贴近区域市场的客户和产业资源。通过中台功能打造、数字化管理、生产与分享平台等手段，形成对区域机构的有效赋能支撑，把控区域机构相关业务的技术质量，及时优化区域机构的组织运营管理等。

广东省建筑设计研究院有限公司　曾宪川　党委书记
——深耕大湾区，传统业务做减法，新兴业务做加法

继续发挥好主场优势和先发优势，主动抢抓粤港澳大湾区、社会主义先行示范区"双区"建设的重大历史机遇

一是要找准市场位置。行业产能过剩的局面在"十四五"时期不会有实质性改变，高规格的"双区"建设必然吸引国内外大批设计企业进驻，加之市场规模扩张已转向补短板、更新改造和品质提升，可想而知"双区"内的竞争将异常激烈，细分到不同国土空间区域、不同规模城市、不同子行业、不同政策扶持领域，市场增长将呈现分化加剧的趋势。广东省建筑设计研究院有限公司（以下简称为"广东省院"）必须找准自身在市场中的位置，有所为、有所不为，主动作为、顺势勇为，战略引领、创新驱动、价值提升、协同发展，才能脱颖而出。

二是要用好股东资源。"双区"驱动叠加效应下，产融结合是必然趋势也是企业最大的竞争优势，政府也正在积极引导技术与资本融合，鼓励有条件的企业上市融资，引入战略投资，扩展服务领域和经营规模。广东省院国有出资人为广东恒健投资控股有限公司，是广东省唯一的省级国有资本运营公司和产融结合平台。依托恒健强大的国有资本、资金和影响力优势，广东省院后续在开拓新业务时，将主动与恒健的基金投资业务和资本运营业务协同，打造升维竞争力。

三是要提升能力。在推动科技创新与体制机制创新"双轮驱动"，实施人才强企战略、创新人才发展机制的基础上，重点做好知识管理。早在五年前住房和城乡建设部就针对勘察设计企业正式提出"强化企业知识管理，支撑智慧企业建设"的目标（《2016—2020年建筑业信息化发展纲要》），将知识管理上升到企业的发展战略高度。五年时间过去了，大部分企业对知识管理仍存在认识不清、推动不力等问题。广东省院尽管获得过"2019中国最具创新力知识型组织（MIKE）大奖"，但在知识管理"沉淀、共享、学习、利用、创新"五个重要环节中，仍停留在共享阶段。下一步，广东省院将加大资源投入，以开发知识资本为核心，构建好知识管理体系，赋能创新发展。

未来区域布局紧跟国家城市群战略，
业务布局做好加减法，集中力量办大事

如果用中国传统造船工序（做龙骨、打墩、做底梁、做边梁、安装绞板、做水拉、做边拉、上护板、填缝、安装设备、下水）来比喻的话，广东省院这艘大船在"十四五"期间主要工作任务是下水前的"填缝"和"安装设备"环节。"填缝"即补齐短板和理顺机制，"安装设备"即做强长板和恒健资本赋能，过程中要把握好治标和治本相统一、当前和长远相结合，更要把握好"快""慢"节奏、"稳""进"尺度，实现"韧性生长"，方能顺利完成转型升级和可持续发展目标。当然，改革需要稳步发展作为基础，因此谋划好"十四五"时期的高质量发展乃重中之重。在业务布局方面，广东省院将从区域、专业两个维度进行思考。

一是持续深耕"双区"，不断巩固加大主场优势和先发优势，找准市场位置，用好股东资源，做好知识管理，持续为城乡建设、治理提供创新技术解决方案，重点关注基础设施建设、产业升级建设、补发展不平衡建设。

二是强化和深入重点区域布局，紧跟国家京津冀协同发展、长江经济带发展、长江三角洲区域一体化发展、黄河流域生态保护和高质量发展，主动服务区域协同发展，推进新型城镇化建设和生态保护建设，改善人居环境。

三是做好传统业务"加减法"，通过资源配套、资金投入和内部政策扶持，不断巩固提升建筑、市政、规划的技术、品牌优

势，打造新一批高品质的明星项目，打造"原创设计+科技创新+智慧建造"新硬核技术，同时逐步退出规模小、价值低的传统业务细分领域。

四是办好新兴业务"大事"，在现有设计优势基础上向产业链上下游尤其是上游延伸，提供全领域、全过程、全周期综合服务，以技术创新驱动、高质量供给对接工程建设新需求，发挥"技术""资本"的紧密协同优势，开拓工程总承包业务和全过程咨询业务，探索港口码头、高速公路、大型桥隧业务和工程投资业务，"集中力量办大事"。

业务布局——向什么方向布局？

市场化不断向纵深发展，回归"企业"的本义去思考业务问题显得尤为重要，即面向客户提供价值服务或产品，满足客户价值需求，实现企业组织收益。这其中涉及3个关键词，即"客户需求""价值服务/产品""收益"。聚焦到工程勘察设计行业，这三个关键词也正是业务布局突破的切入点。

在工程勘察设计企业所聚焦的产业领域内，客户需求正在产生分化。有些产业领域已经完成大规模建设，客户关注的重点从建设转到运营，关注如何实现更加高效、绿色、智能的目标，如钢铁行业；有些产业领域还处在大建设期，而建设要求也在升级，关注更广价值供应（如投资）、关注更高效的运作模式（如全过程咨询、总承包等），如基础设施领域。伴随市场一体化进程、市场需求的综合化，工程勘察设计企业跨界发展成为可能，客户的范畴获得极大拓展，从工业领域拓展到城市领域，从前端规划领域拓展到建设服务等。新技术不断进步，特别是新一代智能技术群落与相关产业场景的不断深入结合，使得部分To B服务技术具备了面向更广空间的To C场景。

随着市场化改革加快，部分专业服务正在走向衰退，或者进入迭代通道，如施工图审查、监理等。2017年《关于促进建筑业持续健康发展的意见》（国办发〔2017〕19号）中提出"完善工程建设组织模式"，以及后续出台的一系列政策正在对工程勘察设计行业业务转型升级、竞争格局演变产生深远影响。以工程总承包、全过程工程咨询为代表的集成型服务模式成为大中型企业普遍选择的升级方向，这些企业也将成为一级市场的主要参与者、市场中资源整合的重要主导力量。随着市场需求向后端延伸，新技术的创新发展与商业应用，以"智慧+"为代表的科技服务产品正在广受关注。

工程勘察设计企业作为智力密集型企业，专业技术服务仍是竞争力的重要载体、收益实现的重要方式，也对相关业务拓展布局发挥着重要的支撑作用，但面临着盈利模式高度依赖人、缺乏可持续的规模化基础等挑战。而全过程集成服务以"组织化的运作"、科技服务产品以"可复制性"等方面的特点，可以对专业技术服务起到良好的丰富和补充作用，进而形成更加立体的盈利模式组合。

如何进行业务定位？

通常设计院是按照工程建设不同环节、不同行业、不同业务领域划分业务单元。随着市场需求变化、资源能力需要的不同，将会对业务进行重新划分定位。按照核心竞争力——市场吸引力矩阵划分为核心发展业务、重点培育业务以及支撑发展业务，确定市场布局、资源配置等发展策略。

核心发展业务作为企业收入与利润的主要来源，突出做强，以巩固优势为导向，充分发挥核心业务的引领作用，保证充足的资源投入，提升全过程、全生命周期的服务能力，巩固现有行业地位和市场领域。持续做精做深，对标国内外领先水平，追赶超越竞争对手，衍生开拓新业务。打造特色竞争优势，在细分行业或专项领域形成自身品牌特色或技术优势。

重点培育业务是目前规模不大，但未来发展潜力巨大的业务，突出成长，紧跟行业发展趋势，适度集中发展方向和资源，寻求重点突破。给予灵活的政策，积极探索培育新技术、新工艺的创新与研发，鼓励高端人才引进和培养，通过激励机制增强业务培育的信心。加强与外部资源合作，积极寻求建立战略合作伙伴关系，共同开发新业务，逐步发展成为核心业务。

支撑发展业务现阶段能保持一定规模和盈利水平，突出做优，巩固现有发展规模和盈利水平，建立适度宽松的自主经营权限，促进业务单位开展自主经营。充分发挥与其他业务板块的协同作用，形成良好的互动机制，有效支撑其他业务板块的发展。根据市场需求与发展趋势，适时、适度开展压缩或退出。

如何培育新业务？

工程勘察设计企业业务布局突破的切入点可以总结为一句话：重新认识客户，重新挖掘价值需求，跳出"技术"视角去勾勒服务/产品，突破依赖于"人"的盈利模式。

新业务的孵化探索离不开"应用探索的场景""做事的团队""资源的支撑"这三个要素的支持。

应用探索的场景。没有应用场景，新服务/产品的商业化就是空中楼阁，也就无法实现快速迭代。对于工程勘察设计企业而言，需要用好两种力量去挖掘新应用场景，即借力和发力。

借力。客户资源是每一家企业最大的财富之一，客户需求在升级，一定程度上为服务创新奠定了基础。以长期合作建立互信关系为基础，"面向老客户推新服务"不失为一种有效的渠道。此外，部分工程勘察设计企业的股东方在产业发展方面的探索也会为企业提供应用场景。但"天下没有免费的午餐"，对"内部客户"也需要用更加市场化的意识和行动去把股东优势转化为可应用的场景。

发力。在市场需求演进、供需格局演化的进程中，发现和培养客户场景化需求也是企业市场竞争力的重要体现，因此，工程勘察设计企业也需要着力开拓新客户的场景需求。

做事的团队。工程勘察设计企业的业务拓展往往是基于市场、基于技术、基于某种特殊积累，很少有实现完全非相关的探索。但新探索的业务往往需要新的能力，如面向新需求场景的经营策划、全过程集成服务的项目管理、科技研发与创新、产品化运作等方面。

面对能力的培育，内部人员的转型是一种解决思路，但往往受到思维惯性、能力瓶颈等方面的影响。近年来随着行业人力资源市场化程度不断提高，引入外部高端人才也成为业内企业拓展新业务、打造新能力的重要举措。

资源的支撑。长期以来，工程勘察设计企业运营呈现出"项目式"特征，一进一出简单直白。但新业务的培育发展不能套用成熟业务的逻辑，需要真正体现"投资"逻辑，用一段时间的资源投入去孵化"明天"。最为直接的体现就是打破普遍采用的两级管理模式，以赋能型管理、过程化目标管理支撑投资孵化。

赋能型管理。需要打破两级管理模式下注重短期收益的弊端，从能力培育、能力转化入手，支撑新业务的商业化发展。企业所积累的资金、技术、数据、客户等资源均作为新业务培育孵化的要素投入，实现整体价值最大化。

过程化目标管理。如果没有过程管理，运作不好将带来巨大的机会成本。需要改变忽视过程、缺乏问责的管理模式，以精益化管理赋能培育孵化过程。对新业务孵化团队的管理要兼顾团队能力建设、新业务运作模式建设、商业化产出等方面的综合考量，并随着成熟度提高进行动态调整。

CCDI悉地国际　史佩杰总裁
——守住基本盘，布局新模式

"十三五"时期实现了业务、管理、技术的提升

第一，业务方面。CCDI悉地国际在"十三五"期间经历了2015年前后的行业周期影响、内部管理模式调整、2017年年底IPO受阻、2018年年初公司管理层变动等一系列变化，整个公司回归初心，专注主业，不仅实现了业绩持续增长，也在行业地位上始终保持领先。从数据上看，"十三五"期间先抑后扬，全集团从2017年开始业绩持续增长，2020年在新冠肺炎疫情影响下，仍然实现了业绩的大幅度增长。

作为一家大型民营设计企业，CCDI悉地国际在"十三五"期间持续在国内外各主流榜单上排名领先。例如，2020美国ENR排行榜，CCDI在Top-150中排名85；2020di设计新潮排行榜，CCDI悉地国际总榜第6、民营榜蝉联第1；入选中国勘察设计协会民营设计分会全国十大民营企业榜单；ENR/建筑时报中国工程设计企业60强，CCDI悉地国际排名第16位；英国WA100榜单，CCDI悉

地国际在全球前100建筑设计公司中排名第21位。从榜单来看，CCDI悉地国际始终处于民营设计行业中的领先地位，在主流榜单上排名靠前。

第二，管理方面。CCDI悉地国际专注主业，坚持推进"客户、产品、区域"三位一体战略管理构架。在对整个行业的观察中，CCDI悉地国际的管理行为一直是比较创新、比较有探索意识的，在传统的"营销+生产"的二元管理模式上，CCDI悉地国际创造性地设置了"产品管理"的环节，并加强了"区域公司"的平台支撑体系，这个战略在过去五年中保持着非常明显的延续性。目前CCDI悉地国际在建筑领域有10余类产品，涵盖居住建筑、商业综合体、办公与产业园、轨道交通、体育建筑、主题文旅等，这些产品在各自细分领域都具有优势地位，形成了很多标志性业绩。

同时，CCDI悉地国际还非常注重品牌建设及美誉度的提升。CCDI悉地国际在业内拥有较高的知名度，集团旗下的CCDI学院作为业内首屈一指的企业培训机构，举办的优秀经理人班、《笃行语堂》、各类研讨培训工作坊等经典活动获得了业内外广泛好评。坚持了13年的由CCDI悉地国际发起的新立方建筑文化论坛也通过一系列高质量的活动赢得了口碑和赞誉。

第三，技术创新方面。CCDI悉地国际非常注重技术创新和实践相结合。除了完成大量具有社会影响力的高品质标志性设计作品外，科研成果也成绩斐然。这一点在民营设计公司中也是遥遥领先，并且与行业内的一些央企、国有大院也保持同步。例如，CCDI悉地国际三度获得国家科学技术进步一等奖，这是国务院颁发的奖项，很少有设计企业获得这一奖项，分量很重。此外，CCDI悉地国际每年还会获得众多业内各类优秀设计奖项；每年都有1或2本学术出版物，累积至今已有近20本；在《建筑学报》《世界建筑》《时代建筑》《建筑技艺》等行业一线学术期刊发表论文的频次也是民营设计公司较高的，这都得益于我们在技术研发体系上的不懈投入。

"十四五"即将迈入新的发展赛道

（一）行业格局进一步调整

一方面，产业生态建设加速，行业集中度进一步提升。企业要重新确定在行业生态圈中的"生态位"。不仅要提升自身的综合竞争力，还要融入更大的产业链生态圈，明确自身定位。未来的竞争不再是单兵作战，而是产业链、生态圈或者企业集群的竞争。此外，企业还需要考虑对接资本市场。

另一方面，行业分化也在不断加剧。建筑设计行业大型头部企业越来越强，小型专业事务所朝着精专特色化发展，恰恰是一些中型企业既要维持一定市场规模，同时还不具备明显优势，将来会面临巨大"中型危机"。CCDI悉地国际虽然整体规模处在第一梯队，但细分到各业务也面临降维打击的风险，需要一直保持警惕，一方面持续扩大规模，提高产出；另一方面技术上追求高端化，不断强化自身优势。

（二）行业进入高质量发展阶段

未来的存量博弈会成为常态，行业总的体量还是非常大，但会进入低增长的竞争时代，整个行业从"注重速度"转为"注重质量"，以提升市场份额来实现企业增量的博弈环境使得市场竞争更加白热化。不同时代对企业的要求不一样，没有伟大的企业，只有时代的企业，处理好短期效益和长期发展的关系，打造独特高效可持续进化的赋能体系是企业的核心竞争力。

（三）行业面临全方位数字化冲击

严格说来，设计行业是少数几个尚未被互联网颠覆的传统行业。除了业务工作要实现数字化，我们自己的思维方式也必须面对数字化的改变趋势。数字化时代可能重新定义我们行业的"人才"，出现一些超级员工，正所谓工业化时代成功靠"大脑"，数字化时代成功靠"共创"，或者说"多脑"。数字化涉及公司业务及管理的所有领域，特别是对于新冠肺炎疫情倒逼下的数字化转型，数字化不是一步到位，不要轻易放弃，而要紧跟趋势，试错迭代，领先一步，算法为本。

（四）传统设计业务会面临全产业链业务的冲击

未来的企业需要从全生命周期或者全产业链角度去思考自身的战略选择和战略定位，设计业务仅是产业中的一环。设计业务可以做精做专，可以小而美，但这一环必须要更多地融入全产业链的生态圈之中，受到上下游环节的冲击和影响是必然的。对于设计企业而言，要建立更齐备的全产业观念。采取跟跑战略，找到领跑员，跟跑不掉队，始终跟在第一梯队，选择适当的时机弯道超车；紧跟政策和趋势跑，紧跟"先进生产力"，同时保持清醒的头脑，避免头脑发热和方向性错误。我们自己也在和产业链上的各方面建立关系。

可持续地发展，增长是硬道理，打造韧性组织将是未来CCDI悉地国际发展关心焦点问题

可持续发展的本质是要"活下去"，基业长青的前提就是"活着"，尤其是像我们悉地这样的企业。虽然从人数规模来看比较

大，但从业务类型、产业链分工、市场影响力等方面看仍然属于中型企业，或者说仍然面临"中型降维压力"，这迫使我们需要更加深入地思考调整企业战略以适应形势的变化，防止出现被降维打击的极端风险。

同时，也要坚持"发展是硬道理"，企业是一个生命体，企业发展的根本是业务要发展、人才要发展、组织要发展。随着时间的推移，成本在增加、岗位需增添、通胀在继续，所以只有企业业务的增长才是解决这些问题的出路，这就需要靠我们战略和执行的一致，通过强绩效文化推动企业的发展。

新冠肺炎疫情促使企业不断反思，面对"黑天鹅事件"，需要把企业打造成韧性组织，在寻求企业发展的同时，也要注意隔离风险反脆弱，免疫力就是竞争力，好的防守就是最好的进攻。建立风险防控机制是打造韧性组织的重要举措。主要防范以下五个风险：合伙合作风险，规避彼此之间包括债务、投资权益等一系列法律纠纷；市场行为风险，规范经营行为、杜绝违法乱纪，避免市场准入受限、品牌受损；突发事件风险，做好各类突发事件应急预案；新业务风险，EPC违约风险、资金风险隔离等；系统性风险，注重风控，专注主业，科学决策，拒绝诱惑。

在实施"十四五"发展战略的时候，要结合企业自身特点做好发展战略选择，避免战略同质化倾向，注重组织能力建设，守住基本盘，登高而望远，走适合企业自身特点优势的发展之路。

CCDI悉地国际未来战略定位关键词
——专业化、生态化、一体化、国际化

所谓专业化，用16个字来描述就是"职业精神、专业态度、

业务聚焦、经验传承"。专业化是指我们必须用职业精神和专业态度，聚焦已有的业务和经验的传承，在细分领域通过产品的研发及技术积累实现专业化特色及领先优势。

所谓生态化，用16个字来描述就是"资源协同、共生共赢、适度规模、持续增长"。生态化是指整个企业组织资源的协同，保持共生共赢和适度的规模，实现在资本连接下的去中心化、多品牌、多平台的生态圈。

所谓一体化，用16个字来描述就是"系统平台、知识共享、赋能体系、品牌美誉"。一体化是指在企业中台可控的范围内通过构筑企业独特高效的赋能体系实现并完善一体化战略。

所谓国际化，用16个字来描述就是"全球视野、开放思维、国际网络、跨界人才"。国际化是指用全球视野和开放思维去加入国际网络，寻找跨界人才，通过海外布局，强强合作，借船出海，利用自身的独特优势探索国际化之路。

未来从"客户、产品、区域"
三个要素上来考虑商业模式与盈利模式创新

从客户要素上看，传统市场、头部企业、长期客户始终是我们的主要资源，我们会进一步完善一体化经营的营销体系，注重城市经营、城市群、都市圈的联动发展，用数字化技术和数字化思维赋能营销体系，大数据、客户画像、沉浸式场景营造、虚拟互动式体验等技术会在营销过程中得到广泛应用。

从产品要素上看，坚持产品化战略，重点强化优势产品的领先优势，给新产品创造孵化的环境，特别是加强城市连接性和协同性的产品，如TOD综合体和城市更新，CCDI悉地国际都会有很大的投入。

从区域上看，长三角、大湾区、京津冀、华中及西南区域、海外市场，始终是CCDI悉地国际最重要的聚焦区域。对于高端建筑设计，我们采取重点区域布局及深耕，集中优势资源实现头部效应，对于市政交通和常规意义上的建筑项目，则采取一体化、标准化、赋能型的管理，特别注重属地化团队的建设。

总的来说，守住基本盘，布局新模式，探索大集团下各生态企业的合作模式及提升企业组织能力，研究和发挥资产杠杆、人员杠杆和组织杠杆的作用。

国内国际市场双循环的大背景下，
主要依托海外分子公司维持业务生长性

不管疫情是否继续存在，海外市场肯定是中国的工程设计企业必须拓展的方向之一。对CCDI悉地国际而言，三种方式会促进我们海外业务的生长性。

一是"海外布局"，主要依托CCDI悉地国际集团在海外的企业成员，如澳洲PTW、美国Archilier、美国Link-Arc等，他们会直接承接海外业务，并且在合适的条件下和CCDI悉地国际本部的设计资源合作。

二是"强强合作"，即CCDI悉地国际同国际顶级合作伙伴合作，发挥我们在项目管理和多专业领域的优势，这方面比较成功的项目包括CCDI悉地国际与OMA合作的多哈图书馆等。

三是"借船出海"，即借助央企平台和国内开发商走出国门的投资诉求，再叠加CCDI悉地国际自身独特的产品能力拓展海外市场，典型的项目包括悉尼Christie大街88号项目（PTW+CCDI）、吉隆坡人民广场（CCDI）等。

林同棪国际工程咨询（中国）有限公司
杨进　党委书记、总裁访谈

在构建国内国际双循环的大背景下，作为外资企业应更加高质量地发展推动对内对外开放，打造"双向竞争、双向赋能"的局面

双循环的新格局对于有外资背景的设计企业而言既是挑战也是机遇。我国当前基础设施领域建设项目还是以国企为主导，具有外资背景的设计企业参与其中可以从不同角度有不同的理解。同时，国际大变局之下外资企业融入市场竞争也存在巨大的不确定性。此外，近年来一些地方政府通过强强联合整合地方设计力量组成集团，如成都联合七家设计单位组建成都设计咨询集团，重庆在策划组建了自己的设计集团，地方巨头设计集团的组建对市场开放也提出了新的挑战。未来希望国内国际双循环不再按照以往内循环的逻辑，应该是真正成为高质量发展、高品质建设的逻辑。

2021年1月4日，商务部发布1号文件，即《商务部等19部门关于促进对外设计咨询高质量发展有关工作的通知》，提出鼓励优秀的设计企业联合走出去，释放出国家鼓励更加开放、更加高质量走出去的信号，这对国际化公司而言无疑是巨大的机遇。

作为一家由华人创立的设计咨询公司，林同棪国际工程咨询

（中国）有限公司（以下简称"林同棪国际"）要更好地发挥国际桥梁纽带作用，将中国新的成功要素与国际市场游戏规则、标准规范进行有机融合，同时面向国际竞争环境打造独特发展实力和影响力，另外，外资背景的公司还能借助国内政策红利推动国内国外市场双向开拓。

重新定义、全局重构应对未来行业分层分级变化

近年来感受最深的行业变化就是分层分级在加快，所谓的分层分级就是行业未来会分化出不同类型企业。

一类是头部企业，以大型国企、央企和上市企业为主。这类企业在行业内快速集聚资源，规模越大整体资源集成优势越明显。

一类是有活力的创新型中小企业。这类企业基于产品、技术等特色提高溢价能力，打造差异化竞争力。

还有一类企业我认为是超级IP，就是个人或者事务所，通过发挥创意，融合文化打造特有活力。

另外一个变化就是从过去高速发展向高质量发展转型，我理解从快到慢其实就是慢工出好活，也是符合高质量发展的逻辑。

应对这些变化，个人认为有两个词、八个字。

第一个是重新定义。重新定义设计公司或者工程咨询公司的价值，为客户服务的价值。原有的逻辑将面临巨大挑战，重新定义的核心就是价值，从企业到产品、用户以及个人。

第二个是全局重构。行业内上市企业PE值普遍偏低，为什么我们自认为是一个充满创新、创意的行业却没有得到大众投资者认同呢？这值得我们反思，一方面确实是由于行业处在低谷，更重要的是行业服务价值没有得到资本市场认可。当然，这并不是

说要将资本市场作为未来指导行业转型发展的一个出发点，但从某种角度来说，可以从投资视角重新审视行业的价值。而且我认为现在行业人才的平均水准与行业在产业链所应当发挥的价值不匹配，需要重构企业的管理逻辑，建立策略性组织，更好地激发组织活力和创造潜力。

围绕新基建、绿基建构建从项目到产品、从设计到全产业链发展思维，积极培育数字化能力以及构建核心竞争优势

新基建是中国构建国内国际双循环新格局下的一大新动力。对于城市基础设施行业的工程咨询公司而言，新基建将成为未来三年的一大重要发展机遇。

想要把握这一机遇，思维的转变是首要的，从项目思维到产品思维，从设计思维到全产业链思维。

其次是培育新能力。最重要的就是数字化能力，设计企业必须能够依托数字化技术进行正向设计。还有就是向生态赋能，构建生态圈的能力。设计企业做新基建不能完全是自身内部体系的循环，要打造生态朋友圈，将生态伙伴资源做集成，才能具有服务新基建的强大能力。举个例子，林同棪国际在江苏汤山中标一个数字化工程项目，当时多家知名厂商同时竞标，我们凭借对业务产业场景的深度了解以及数字化服务能力，最后顺利拿到项目，负责总体策划与工程总承包，像阿里、京东等多家服务商则是在我们的产品框架下提供专业化服务，这就是设计企业具有构建生态圈的能力。

再次是构建新优势。设计咨询行业处在工程建设产业链前

端，对工程建设的系统化理解是有优势的。随着数字化技术不断向基础设施建设领域渗透，也就是经常被提到的融合基建，设计企业需要将自身优势融合新势力打造新产品和服务，构建现代特色的新优势，我认为未来融合基建将成为工程设计行业非常重要的一个应用场景。对于这种产品业务的变化，我们应该知晓自身优势，兼收并蓄，在探索新基建领域发掘更多机会，重新定价，找到新的价值增长点。

新基建对于林同棪国际而言是新事物。在上一个3I战略中，基于市场、项目导向构建了三大基建体系，其中之一就是数字化+全过程咨询为代表的新基建体系。

新基建业务板块是公司数字化战略的重要呈现。数字化战略概括起来就是打造三个"一"。

第一，建立一套面向企业的数字化基础设施平台，包含ERP业态一体化、协同设计平台等。2020年2月全面上线应用，有效保障了新冠肺炎疫情期间全公司层面跨地域、跨部门沟通对接，可见数字化基础设施平台在应对复杂环境变化时有很好的基础。

第二，建立一种以正向设计为核心能力的数字化能力。目前公司主要专业中基本每个业务部门、业务体系都掌握正向设计能力。在BIM技术应用以及获奖方面，这两年公司很多重大项目或平台获得了多项行业大奖和全国大奖。

第三，孵化一批以数字化全过程咨询模式为主导的产品。依托数字化全过程工程咨询服务的场景应用，我们将新的科技型公司重组成为一家面向数字化+的个性化公司。在全过程咨询的试点中，用数字化逻辑重构全过程咨询的服务和应用能力、应用场景，受到业主的欢迎，实现了业务跨越式增长。下一步，我们将积极策划拓展智慧桥梁、智慧停车等领域，这些也将是未来产品的应用场景。

当前林同棪国际形成了"大基建、绿基建以及新基建"三大业务板块，这也是公司在新的三年战略下对自身定位的重新思考，即如何从以道桥为主的大基建领域土木设计公司走向高质量发展。新基建、绿基建两大业务板块都是基于新需求下所孵化出的新业务。

关于绿基建的发展，第一，抓住国家理念中"绿色生态""绿色发展"和世界城市经济发展的潮流趋势。第二，依托重要项目和核心产品打造绿色基建的重要应用。例如，重庆两江四岸项目打造了滨水空间的城市综合治理和提升；以昆明国际交通枢纽为代表的TOD综合解决方案存在巨大发展空间；在提升城市品质方面存在很多绿色基建的应用场景，需要从产品的逻辑打造。第三，充分发挥国际化公司的品牌、人才、资源优势。目前绿基建板块是由英籍华人黄聪带领一个国际化团队负责，将国外的理念做法与国内创新实践相结合，推动理念和想法落地转化为产品。

绿基建是多专业、跨领域的集成，涉及科技、生态、景观、建筑等，需要将多专业高度集成打通一体化发展，这也是接下来三年林同棪国际重要的发展思路。一体化实际上是多专业融合一体化，涵盖市场、业务、客户一体化，需要对企业组织、管理架构重构，为业主提供更高端的服务和更高效的升级，形成集成化的服务产品。

数字化全过程工程咨询的应用案例如下。

第一，江苏南京园博园，2021年4月16日开园。这个项目从2017年7月开始前期策划、总包，同时承担了智慧园博的数字孪生工作。整个项目是公司数字化全过程工程咨询的典型项目，历时两年，通过全生命周期构建区域性的CIM模型，之后持续更新，共覆盖了全域数据资产，为园区运营和设备运维打下良好基础。

第二，重庆广阳岛，提供了全过程数字化服务。基于业主的管理逻辑，包括前期策划、实施过程和后续运维提供全过程服务。通过数字化+产品服务，让业主管理轻松，让项目管理精细化，让项目"生态清白"。

业务孵化在内部采取赛马机制，
同时外部找好战略规划实施的生态伙伴

林同棪国际最大的优势在于国际化背景，通过学习国外公司的发展经验，不同阶段的发展历程和发展逻辑，寻找标杆企业少走弯路。

新基建是未来国际化工程咨询发展的必然趋势。2012年集团在新加坡召开董事会，当时就已经在谈数字化。2016年在黎巴嫩和迪拜举行的60周年活动中，我深刻感受到国际顶级咨询公司的数字化产品服务，当时他们已经全部实现数字化服务，而且能够实现对上百个专业或公司的集成整合。为此，我认为新基建业务发展一是要看趋势，二是要找标杆，通过标杆坚定信心达成共识，三是保持定力。

着眼于执行，我们采取的是赛马机制，组建两个团队各自去摸索发展，最后以市场决定客户为谁买单。汪洋的团队在市场化逻辑中找到了中国的应用场景和解决方案。创新业务的核心和关键是领军人才，汪洋对数字化逻辑、应用场景的理解非常深刻，并且还有强大的组织能力和领导才能。

如何把好的内部产品形成公司化运作则是机制问题。林同棪国际在这方面有很好的应用平台。核心逻辑就是效仿科技型创业公司的做法，对高管团队、创新人才、核心人才采取合伙人机制、股权激励等长期激励方式，为新公司的孵化保驾护航。打造良好的生态还需要与智者同行，策略上找好战略规划实施的生态伙伴。我们找到天强公司共同完成整体的数字化战略规划，所以在策略上要与聪明人在一起，与有资源的人在一起。

未来10年的发展定位就是打造成真正一流的国际工程咨询公司，发展思路上要实现三个转变

第一，以设计为主向国际工程咨询公司转变，向全过程综合解决方案转变，实现对国际工程咨询公司的引领和重大实践。

第二，由重视前期策划为主，到建设管理运营并重的双向转变。实质上就是以终为始，要用运营端的思路看设计建设端，并在运营端中探索和找出未来的服务模式升级和商业模式转型。例如，现在国内的EPC还是形式上的，未来将朝着发挥设计、创意、科技、管理的优势转型，这是我们下一步做EPC的核心逻辑，向高质量、高效益、高品质的维度转变。另外，林同棪国际这几年也在探索智慧停车，用运营管理实现智慧交通和智慧城市的实践与转型。

第三，要从工程设计公司向科技公司转变。目前林同棪国际的道路桥梁、市政生态管网等已经形成了相对的专业优势。未来可以在新的科技，包括人工智能、BIM等新的平台上深度挖掘，形成创新体系和生态圈，增强竞争能力和盈利能力。

从公司战略角度而言，对自己做了两个定位。第一，打造核心优势和领先优势；第二，成为城市基础设施一体化服务商，提

供一体化集成化的综合解决方案。在战术上要实现"三动"，即创新驱动、示范带动、协作联动。

创新驱动：包括技术和模式、机制等。

示范带动：充分利用在重庆、大湾区、长三角等区域的重大、重点项目，围绕刚刚提到的应用场景，通过项目带动和战略模式创新，实现服务模式转型和高质量发展。

协作联动：生态赋能，建立生态圈朋友圈。生态圈的核心是和优秀、智慧的人在一起，对内打通和协同各板块优质资源，实现共享；对外让产业链上的优秀企业实现资源、技术上的有机结合，共同开拓市场。同时，在平台和生态资源方面，利用国际协会和平台广泛孵化生态资源，从行业技术、规范、标准和业务角度实现深度交流。

以开放的心态，围绕差异化核心优势
打造推进资源整合协同

首先，外部资源整合很重要的一点就是心态开放，天强搭建了一个很好的行业沟通交流平台，在这个平台上我们与多家企业建立了良好的资源协同伙伴关系。

其次要打造差异化优势。林同棪国际是一家中外合资企业，一直在致力于推进与央企、地方国企互补联动，形成全产业链、全过程服务。例如，在重庆与地方设计集团、地方央企等合作了很多大项目；跨海大桥是和中土集团联合开展设计施工总承包，发挥了我们在桥梁、建造和资金方面的优势。为了更好地走出去，我们今年也对海外合作进行转型升级，强化人员能力和定位，同时借中国的央企、新的投资银行等链接国家资源、团队、平台，通过项目纽带实现共创和资源共享。

此外，由于地处重庆，我们充分发挥世界上最大山水城市成功典型经验，连续四年打造山水城市可持续发展论坛，每年聚焦一个主题，2021年以"城市新发展与国际合作"为主题，邀请院士、政要、大咖等齐聚论坛为城市发展献言献策。这个平台不是简单的学术研讨，而是打造产业生态圈，包含政产学研多领域资源，相互赋能共创发展。借助这个平台，林同棪国际在推进新基建、绿基建等新业务发展过程中，与阿里、德勤、甲骨文等专业化公司深度合作，实现资源互补、升级赋能。

成为一家有活力的公司不仅需要企业内部探索，还需要借鉴更多优秀企业的成功经验，找到发展逻辑。

实际上全过程一体化服务并不是完全靠自身内循环。不论是全过程工程咨询还是EPC，都需要在细分领域和顶级团队合作，这才是其发展逻辑。对于林同棪国际来说，第一，需要有更加开放的思路和逻辑。未来市场需要的是一家高度集成、更加开放的企业或平台，来集成项目所需要的关键元素，从物理整合变为化学反应，实现新的业务模式。第二，要看透行业的发展逻辑，以终为始，以未来看现在。跳出行业、产业看自身的发展逻辑，这样资源的整合和协同才能更加高效。同时，自身也应该成为被整合的对象或资源，这是今后商业生态中常态化的逻辑，被别人整合也是很开心的事情。

面对未来既要看到机会，也要看到风险。平衡好发展逻辑，而不是追求快速增长和漂亮数据

新冠肺炎疫情来临后，我们也对企业的定位进行了重新思考。过去的发展逻辑更多是机会导向和单向竞争，今后将是复合型。

韧性发展首先需要具备韧性发展的思路和理念。现在真正进入了高质量发展时代，是价值服务最好的时代。传统的规模增长逻辑会慢慢褪去，高质量和价值服务不仅会带来公司效益的增长，更多的是团队、员工、公司、社会共同价值的成长。

对企业内部来说，要做成韧性发展的组织平台任重道远。具体来说，要建立平台化赋能组织，对专业、运作、创新、生态等方面的赋能还有很多工作。我们也希望以赋能型平台为核心，全面推进企业专业化、精益化、生态化发展，以此提升韧性发展质量。今年也有一些举措，包括：建立商务共享中心，打造商业产品；建立共享服务创新，包括实现财务共享；完善平台的前、中、后台逻辑变化等。

打造韧性组织

组织的优化、调整、变革一直是设计企业不断探索的问题。随着在不确定性下积极推进创新变革，企业对组织提出了新的要求——平台化、生态化、智慧化、协同化，即打造韧性组织的要求。韧性组织具备三大发展趋势。

第一，敏捷化的能力。

能够敏锐地捕捉到市场竞争的变化、客户综合需求的变化、行业趋势的变化，灵活调整组织的形态与架构，优化企业的市场经营方式和生产组织方式。这两年部分设计院调整市场经营架构、总承包业务架构、数字化业务架构等，也包括部分设计院根据新冠肺炎疫情的影响，整合内部资源布局医疗康养领域，都体现出组织体系迭代会更快、组织变革会更加频繁。

第二，赋能的能力。

原来以经济技术责任制为核心的组织体系，一定程度上解决了设计院的分工、分权、分利问题，现在更需要整合和集成企业长期沉淀下来的产品、客户、知识的优势，为下属业务机构提供与时俱进的"武器"和"炮弹"，真正体现组织的价值。对下属机构采取简单粗暴管控或者传统的经济承包制甚至挂靠模式已经行不通，总部需要在新业务转型孵化、经营市场统筹、技术创新等方面真正创造可衡量的价值。

第三，协同化的能力。

传统产值导向下，设计院业务部门之间的经营壁垒、专业协同壁垒、知识壁垒、数据孤岛现象非常明显。未来需要构建价值型总部，打造工作协同、管理协同、业务协同、生态资源协同的相关机制，将大公司专业资源集聚的规模优势和小公司敏捷应变的灵活优势进行集成的开放型组织模式是设计院组织未来的趋势。

案 例
CCDI悉地国际主动对接资本，
利用市场的手段探索企业管理的模式

在集团的层面，打造可持续进化的生态组织，去中心化、多品牌、多平台、多产品、多层次的管理模式和管理架构都是可探索的经营管理模式。

在各独立经营的企业或平台层面致力于按照现代企业制度完善公司治理结构，在中台可控的范围内实现并完善一体化战略，构筑可持续进化的独特高效的赋能体系。围绕这个目标，企业的分支机构会继续被不同的方式加以赋能，探索事业合伙人机制、多品牌机制、区域联合机制、产品研发机制、新物种孵化机制等管理方式，坚持底线思维，建立风险管控机制，坚守和壮大由大区域、大营销、大团队组成基本盘主力部队，积极营造适应新物种生长的亲和环境，用市场的机制管控和整合资源，注重企业品牌建设，提升企业品牌美誉度，充分发挥品牌的优势和价值。

"大中台小前台"的模式探索

何谓"前台"和"中台"

前台是指理解和洞察客户需求与场景，通过产品创新和精细化运营服务客户，最终实现和提升客户价值的机构，在设计院中主要是指业务分院、生产所、市场经营部门。在大部分的设计院体系中，业务分院、生产所是经济责任主体，承担着经济指标（合同额、产值、回款等）达成的任务。

中台是指通过沉淀、迭代和组件化输出服务于前台不同场景的通用能力，作为为前台业务运营和创新提供专业能力的共享平台。

何谓"大中台"

从业务特性来说，工程勘察设计企业的"大中台"一定是业务中台和数据中台的双轮驱动（见图11-1）。

业务中台是抽象、包装和整合业务资源，转化为便于前台使用的可复用、可共享的核心能力，实现后端业务资源到前台易用能力的转化，为前台应用提供强大的"炮火支援"能力，降低系统间的交互和团队间的协作成本。

所谓的数据中台，是利用获取的各类数据，对数据进行加工，获取分析结果后提供给业务中台使用，构成设计院的核心数据能力，为前台基于数据的定制化创新和业务中台基于数据反馈的持续演进提供强大支撑，可以理解为数据中台为"前台"提供了强大的"雷达监测"能力。

业务中台提供的"炮火支援"能力与数据中台提供的"雷达监测"能力是一体的，两者相辅相成、互相支撑，共同构成了支撑业务创新的两个轮子。

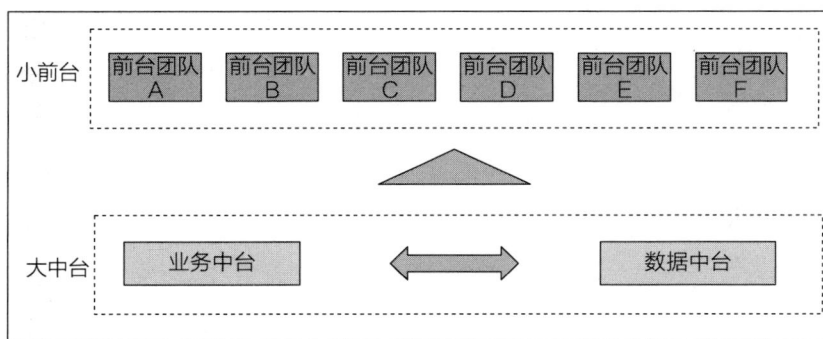

图11-1 "大中台小前台"模式示意图

中台的价值

结合设计院智力型服务与人本型管理的特征，工程勘察设计企业中台的价值主要体现在资源整合、工具沉淀、标准定义和基础研究四个方面。

资源整合：作为企业各类型资源的整合者，中台可聚合跨分院、跨部门、跨地区各分支机构的通用资源，如客户资源等，呈现出"聚合性"的特征，产生"协同"的价值。

工具沉淀：作为企业分析及应用工具的沉淀者，中台可建立统一且不断迭代的工具库，将各业务环节中可模板化、模块化的分析及应用方法进行固化，进而为不同的前台业务单元提供专业支撑，提升效率，呈现出"专业性"的特征，产生"高效"的价值。

标准定义：作为企业的标准定义者，中台可为不同业务单元的过程管理（如设计、生产过程等）与结果产出（如质量标准）建立相对统一的标准体系，保证企业运作的稳定性，进而为客户提供稳定可靠的产品与服务体验，呈现出"一致性"的特征，产生"稳定"的价值。

基础研究：作为企业前沿技术的研究者，中台致力于前瞻性技术趋势洞察、技术提升等，有助于企业中长期发展，呈现出"前瞻性"的特征，产生"创新"的价值。

中台建设的能力导向

中台建设的核心目的是提升总部的价值创造与赋能能力。所谓的价值创造如何体现，可以重点聚焦到六个核心能力打造。

整合营销能力：通过中台建设，能够促进总部从以往的销售管理（实际上是商务管理）能力，向"市场策划+品牌推广+销售管理"的集成能力转变，有利于促进协同经营平台的打造。

精益运营能力：通过中台建设，能够促进总部从以往粗放型的生产管理能力，向"全过程项目管理+规范的质量管理+数字化管理体系"相结合的精益运营能力转变，有利于提升项目效益和组织效率。

技术集成能力：通过中台建设，能够促进总部打造"全周期技术+知识管理+科研创新"平台，真正发挥前瞻性的创新价值。

人才赋能能力：通过中台建设，加快转变原有的人事管理体系，真正转向战略性人力资源管理，发挥总部在关键性人才招募、全周期人才培训发展、与业务发展相匹配的绩效激励机制方面的核心价值。

数据共享能力：通过中台建设，构建统一的管理数据、业务数据平台，实现数据"好找、好用、好看、实时和共享"。需借助大数据、云搜索、微应用等先进技术，搭建企业数据资产管理体系，推动企业数据资产管理规范和创新，提升数据资产应用价值，解决企业数据资产查找难、应用难、管理难等问题，逐步实现企业数据价值挖掘及数据资产变现升值。

战略投资能力：通过中台建设，发挥总部在战略管理、战略创新方面的能力，通过投资赋能新产品和新业务的快速发展。

中台建设的内容与策略

中台建设是一个长期过程，不太可能一蹴而就，与企业自身的管理能力和管理水平是相辅相成的。所以开展中台建设，需要树立赋能业务发展的导向、提升核心能力的主线，设定中长期与短中期的建设目标，以"整体规划、分类建设、分步实施"为总体推进思路，坚持"急用先行、快速迭代、深度参与"的整体实施策略。

一般而言，工程勘察设计企业的中台建设可以从业务中台、技术中台、数据中台、管理中台等方面展开。

业务中台建设的主要目的是逐步形成成熟的服务/产品策划体系，建成市场营销、客户关系、项目管理全周期数字化管理平台，并实现业务智慧决策，能够推动总部的整合营销能力和精益运营能力大幅度提升。

一是业务策划体系建设。建立基于客户需求场景的产品/服务策划机制、内部新型产品孵化与策划的管理机制等，逐步形成若干需求场景下的整体解决方案。二是协同经营体系建设。包括理顺市场部门、区域机构、业务部门在协同经营体系中的组织架构、协同关系与功能定位，建立协同经营机制，建设市场营销与客户关系数字化管理平台，构建数字营销机制和客户画像。三是精益项目管理体系建设。规范项目管理机制，并建立项目的全过程数字化管理平台，打通与市场营销数字化管理平台的数据流转等。

技术中台建设的主要目的是建成智能化知识管理平台以及统一化、精细化的技术标准库、质量标准库，促进总部的技术集成能力的提升，促进人均生产效能的提升，有力保障服务的稳定和高效。

一是科技创新体系建设。搭建公司级科技创新平台，优化规范科研项目管理机制与激励机制。二是技术质量标准体系建设。建立公司统一的技术管理规范体系，梳理规范公司统一的质量管控程序。三是知识管理体系建设。构建知识分类体系框架，建立知识分类、录入、鉴别、维护的全周期管理机制，构建知识建设蓝图，逐步开展知识管理系统建设。

管理中台建设的主要目的是建成财务、人力资源等共享平台，促进管理效能的提升以及关键人才梯队建设等。重点内容包括构建财务共享中台，逐步实现财务预算与核算的共享服务、业务财务一体化平台，构建战略性财务体系；构建人力资源中台，规范人力资源标准化服务，构建人力资源共享服务平台，构建业务人力资源一体化平台，打通业务与人力资源数据，为业务提供数据分析决策，适时建立企业学院，批量化定制化培养业务发展所需的项目管理、技术管理、业务管理等各类关键人才等。

数字中台首先解决的是工程勘察设计企业内部系统间数据孤岛问题，将不同系统中的数据进行全面汇集和管理，通过数据提炼分析、集中化管理，形成企业数据资产和洞察，为前台业务赋能。数据中台依照职能划分分为业务数据与管理数据，业务数据方面横向需打通各业务单元之间的壁垒、纵向增强处理分析与决策能力；管理数据方面加强数字化运用，提高协同职能管理水平，节约协作成本，主要在财务数据、项目数据的构建。未来10年智慧城市、孪生城市、数字建筑等将成为热点，数据中台也是支撑设计院向数字化转型的重要基础。

从实施阶段的角度，建议企业对中台建设划分几个阶段，每个阶段设定相应的任务与目标，明确责任主体。

以某工程勘察设计企业业务中台建设为例：第一阶段的重点任务是基

于典型性客户需求或市场争取项目，由市场发展部牵头梳理形成产品/服务策划机制和若干整体解决方案，理顺若干部门在市场营销环节的权责利与协同管理机制；第二阶段的重点任务是建设市场营销与客户关系管理数字化平台、项目管理数字化管理平台；第三阶段的重难点任务是建立业务智慧决策管理系统。

从建设方式的角度，需要整合多种方式，包括优化调整中台建设相关的组织架构与组织配置，调整相应人员的工作职责、重点培训中台建设相匹配的能力，设计促进中台建设的相关机制政策，推动建设中台所需的信息系统等（如项目管理系统、业财一体系统、知识管理系统）。

从建设保障的角度，需要组织保障，公司层面最好成立专门的领导小组，负责对中台建设进行总体统筹与方案决策，并成立若干执行小组，负责具体推进中台建设各专项工作；需要人力资源保障，根据中台建设需要，在一定阶段内适当增强相应的人力资源配置，通过各种方式提升中台关键人员的思维认知、核心能力；需要资金保障，对中台建设所需的咨询服务与信息系统成本进行概算，列入每年的年度财务预算计划；需要文化保障，通过多种形式增强广大员工对中台建设的理解和认识，增强中台建设的参与度；需要定期对中台建设的进度、投入、阶段成效等进行复盘，预判建设过程中的各类风险，实时对建设策略进行优化调整。

打造高效能人才团队

设计院人才发展体系搭建

在行业发展新态势、员工结构新变化等背景下，勘察设计行业人才发展逐步呈现出"六化"趋势。

人才结构多元化：设计院人才结构从注重层级、职称转变为注重人才的特质匹配和特长发挥、注重组团协作和创业型管理。

人才能力复合化：设计院员工从单一型技术人才转向复合型人才，商业能力、教练能力、管理能力、创新能力等成为核心能力诉求。

人才发展赋能化：设计院从传统人力资源管理向人才发展转型，由"一元驱动"（薪酬）向"两元驱动"（激励+发展）转变，更加强调赋能。

人才学习创新化：设计院人才培养逐步体系化、工程化、持续化，混合式学习、微学习等新型学习方式开始应用，更加契合知识型员工的能力建设。

人才激励多样化：设计院传统的雇佣关系在发生改变，设计院人资内部创业平台、合伙人、股权激励等多元方式将被广泛关注，创业与创新将成为人才发展的重要主线。

人才管理数字化：数字化将成为设计院人才发展的重要手段，依托数字技术平台集中、规范、及时管理和应用人才信息，从而提升人才发展效能。

在行业发展新态势、员工结构新变化等背景下，设计院的人力资源工作重点逐步从传统的六大模块向人才发展（talent development）转型。传统的人力资源管理（HR）主要通过模块划分的方式开展企业人力资源管理工作，具体是指人力资源规划、招聘与配置、培训与开发、绩效管理、薪酬福利管理、劳动关系管理等。而新兴的人才发展（TD）则注重对设计院关键人才进行管理与发展，包括胜任力模型搭建/任职资格体系建设、人才盘点、人才培养发展、人才培训学习等，帮助组织发挥长期优势，为组织持续提供关键人才，打造高绩效团队，最终促进企业的业务增长（见图11-2）。

人才发展体系框架搭建包含六大步骤（见图11-3）。

第一步：梳理需求。

对设计院自身的人才现状进行深度分析，对本企业的人才发展驱动进行探究，对人才环境进行诊断，进而明确关键岗位和人才类型，设计人才发展规划，真正让人才规划为战略发展和业务转型服务，并能够真正落地。

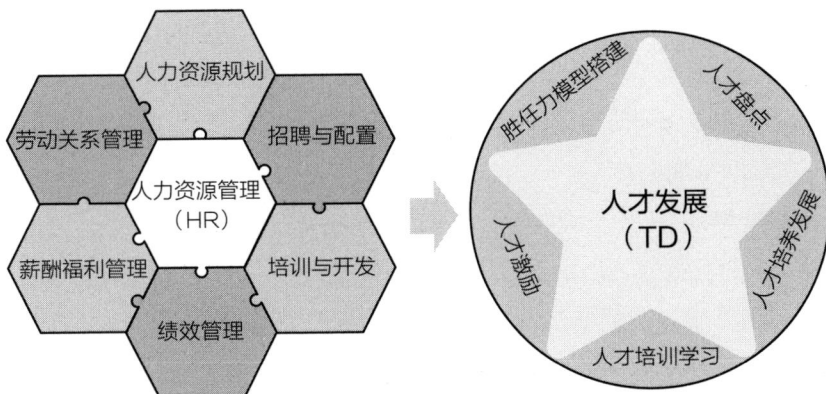

图11-2　勘察设计企业人才发展趋势

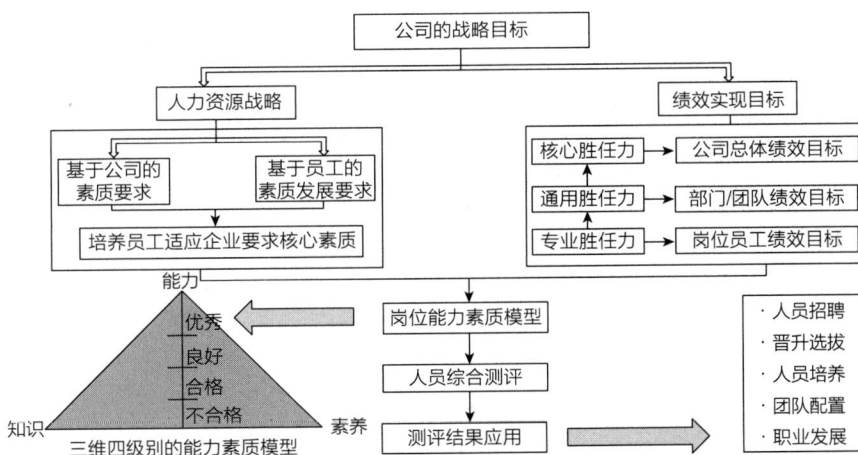

图11-3　人才发展体系框架

第二步：制定标准。

针对梳理出来的关键岗位，设计相应的能力素质模型，使公司的战略能力和组织能力与关键人才能力素质相匹配，保证人才发展的战略指向。

第三步：能力测评。

认知到能力现状与目标状态的差距是设计院人才培养的重要前提，通过一种或多种专业人才测评技术，对关键人员目前的能力、未来的潜力、个人的性格特质等方面进行测评，让个人真正自我审视能力差距，也让企业真正了解到人才的潜质和特质，从而为人才发展提供依据。

第四步：推进辅导。

通过制定IDP（个人发展计划），推动落实关键人才的职业发展、能力提升和绩效改进。IDP的核心是让关键人才了解到"我现在在哪里"（目前岗位）、"我想去哪里"（职业发展目标）、"我怎样到那里"（当前岗位与未来岗位的胜任力差距）、"我做到什么能到那里"（详细活动计划），形成清晰的个人发展计划路线图。在设计院的具体操作过程中，首先要确定IDP导师，然后导师通过传帮带的教练方式，帮助个人分析工作绩效、指导职业规划、明确发展目标、传授工作经验、支持个人发展、评估发展成效，逐步促进其能力提升和绩效改进（图11-4）。在此过程中要建立相应的管理机制，很多设计院的"师徒制"与IDP相似，但主要集中在生产技术领域，而较少涉及管理领域。

第五步：落实培训。

设计院的培训体系普遍存在培训主题和培训群体的针对性不强、培训

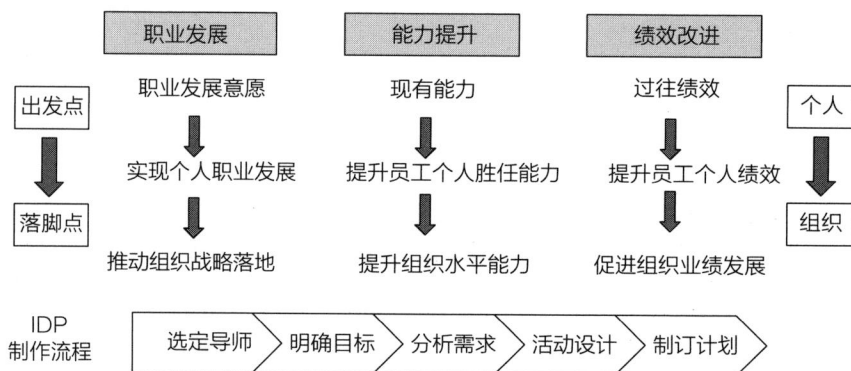

图11-4　人才发展推进IDP辅导流程与内容

的计划性较弱、不关注培训后的行动应用跟进等问题，培训的投入产出成效总体较弱，甚至很多处于为做培训而做培训的阶段。设计院要推动人才发展，培训必不可少，但是需要重塑培训的理念和体系，根据能力测评和盘点结果，针对关键人才制订针对性、系列性的培训方案，并推动培训工作的落实和应用，真正实现打造高绩效团队的目标（见图11-5）。

第六步：建立机制。

设计院人才发展相关的机制主要包括职业发展通道机制、人才激励机制、人才培训学习机制等。一是通过梳理多通道（如职能管理序列、营销序列、生产技术序列、项目管理序列等）发展路线，设计横向与纵向相结合的发展路径和标准，拓宽人才发展平台，并建立职业发展与待遇提升、学习发展、岗位晋升等方面的有效联系。二是建立动态性的激励管理与绩效管理机制，将个人薪酬、绩效与个人发展进行有机结合，并积极尝试合伙人、股权激励等中长期机制，将关键人才发展与企业发展紧密捆绑。三是建立系统化、持续化、系列化的培训学习机制，在课程、学员、讲师等方面建立规范，逐步塑造学习型组织，将个人发展与组织发展有效结合。

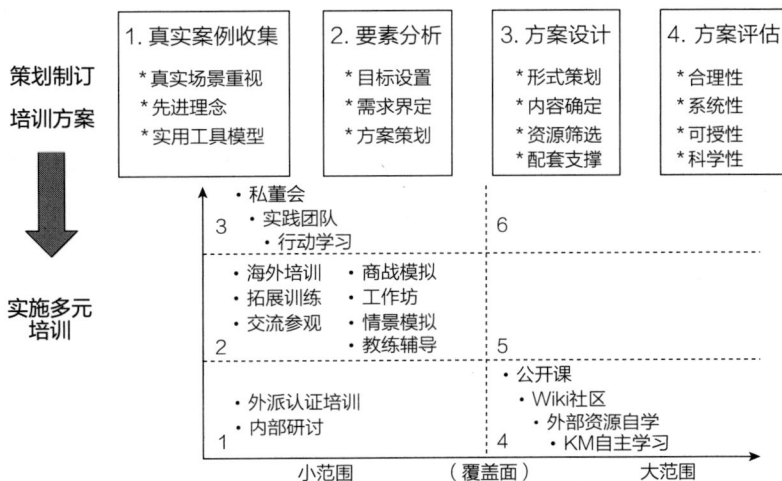

图11-5　落实培训示意图

12

资源整合与对接

在传统的战略语境下，企业如何升级发展的话题往往围绕着"核心竞争力"展开。但是当前勘察设计行业的边界日趋模糊，并且伴随着新城市、新基建等一系列新市场需求的出现，单一的核心竞争力已经无法适应综合化、集成化的商业模式，纵向一体化延伸产业价值链、横向拓宽业务边界甚至是跨界融合发展成为行业中大多数企业的新一轮战略的升级转型方向。

但这种综合化、集成化的战略转型能否成功很大程度上受制于企业的资源能力。因为对任何设计企业而言，在价值链的方方面面都形成可持续的竞争优势是非常困难的。要实现成功转型，撬动企业自身所在的资源生态圈的价值，重构资源体系是关键一招。

正确认识资源生态圈

构建资源生态圈首先需要正确地认识资源生态圈。当前对资源生态圈的理解存在三种常见的误区。

误区一：资源生态圈是尽可能多地联盟其他企业。

资源生态圈的建立不能简单地等同于与合作伙伴进行联盟，联盟往往是企业之间基于共同利益各自发挥优势资源展开合作，如组建EPC的联合体。但是资源生态圈更为广义，其构建的导向不仅是为了开展项目合作，而是形成多方主体间的资源协同效应，来形成新的价值创造方式和新的商业竞争模式，塑造独特的生态竞争力。此外，生态圈的合作主体也不局限于企业之间，还要关注与机构、个人的合作，如科研机构、工作室、院士大师、专业技术人才等都可以是生态圈中的伙伴。

误区二：资源生态圈构建的目的是实现业务版图多元化的扩张。

在生态发展的价值逻辑下，资源生态圈建立的目的是为了实现链接和共生，是通过多方力量协同将蛋糕做大来实现共享和彼此的可持续发展。资源生态圈初心在于"为我所用"而不是"为我所有"。如果构建资源生态圈是以扩张自身的业务版图为目的就过于片面和偏颇，偏离了生态圈共建共享的核心精神。

误区三：构建资源生态圈意味着向平台公司转型。

说到资源生态圈，有不少人认为这是平台公司做的事情，设计企业受自身体量与行业影响力的局限缺乏能力建立资源整合平台，硬着头皮做这件事也过于大费周章。但是在当前行业垂直化、一体化、集成化、系统化发展的背景之下，链接是新的游戏规则，是每一种类型的企业都需要构建的能力，疏于链接的企业即使核心竞争力再强大，也可能面临被边缘化的危险。

那么应当如何正确理解资源生态圈呢？资源生态圈是企业与具有利益相关的不同组织和个人间进行协作，通过有效链接、相互赋能、资源整合形成完整、高效的商业生态系统，并产生外向竞争力来应对市场需求的变化和未来的竞争，实现可持续的共同发展（见图12-1）。

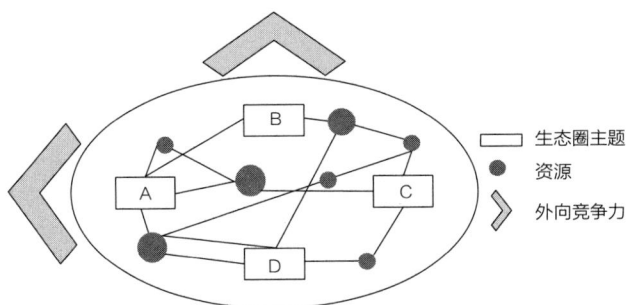

图12-1　资源生态圈图示

设计院构建资源生态圈需要谁?

与传统产业边界不同,资源生态圈不是基于产业链结构,而是立足于用户价值,围绕核心产品和服务形成的。资源生态圈体系不是一步就构建起来的,而是依托核心客户的需求建立核心场景,逐步向其他关联场景渗透并一一整合和打通,再向企业未直接参与但是对自身发展具有一定影响的衍生场景拓展。最终形成一个由"核心场景+强关联场景+衍生场景"组成的生态圈体系。

因此,资源生态圈的伙伴可以基于生态圈场景出发来确定。核心场景中伙伴主要触及产业链上下游,需要关注核心资源的协同与互补,合作伙伴主要涉及产业链上游的投资类公司,下游的施工、设备、运营公司。强关联场景的伙伴更多聚集在其他类型业务领域,需要关注资质、品牌、人才、技术、管理等资源的协同与互补,合作伙伴主要涉及其他专业的勘察设计企业、设计事务所、大学、科研机构、专业领军人物等。衍生场景的重点在于跨界融合,要关注技术、产品与自身资源的结合点,合作伙伴更多涉及互联网、大数据、科技产品等(见图12-2)。

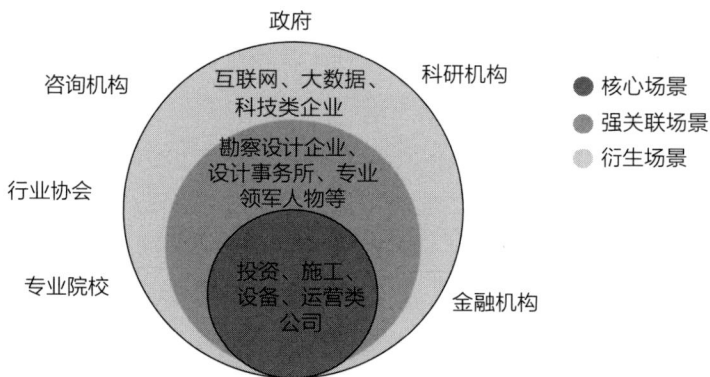

图12-2 "核心场景+强关联场景+衍生场景"生态圈体系图

怎样与生态伙伴建立联系？

实施资源生态圈战略界定出生态合作伙伴并不难，困难的是如何吸引目标生态伙伴加入并一起共建资源生态圈。

首先，发现自己独特的资源禀赋是最为关键的。构建资源生态圈需要我们精准地识别出自己的资源禀赋，并能够向目标生态伙伴传达出自己独特之处的价值，是与其共同创造新产品、打造新的商业模式的前提。例如，苏交科集团股份有限公司凭借在交通基础设施领域一体化服务优势与重庆高速公路集团有限公司、云南省交通投资建设集团有限公司、青海省交通控股集团有限公司等多地交通投资公司开展合作，凭借轨道交通设计的优势与比亚迪等产品公司在"设计+产品"上开展合作，凭借海外咨询优势与中国机械进出口集团在"走出去"上开展合作。

其次，要重视并利用好本地优势来增加自身吸引力。设计院多年来服务本地的建设与发展，在本地拥有深厚的资源基础，借力城市发展的理念和发展潜力能进一步提升生态伙伴的吸引力。

最后，实质性的合作关系是深化与生态伙伴的联系和协同的重要载体。当前已经有设计企业开始尝试与生态伙伴通过成立合资公司作为纽带进行双向赋能，来强化联合经营开发、联合技术研发等方面的合作。例如，中国建筑西南设计研究院与成都轨道城市发展集团有限公司、成都高新投资集团有限公司合资组建工程咨询公司，在充分发挥中国建筑西南设计研究院的咨询服务品牌影响力和技术优势的基础上，叠加成都轨道城市发展集团有限公司资源，实现咨询服务价值链延伸；浙江省交通规划设计研究院联合浙江高速信息工程技术有限公司和浙江省建工集团有限责任公司成立了"浙江智慧交通研究院"，依托"产学研"共推建设创新，打造智慧交通领域国内一流科技研发机构。

如何与生态伙伴互生共赢？

坚持开放共享的理念。资源生态圈，顾名思义，其核心是开放和共享的。一方面，不能以一味获取他人价值为出发点，资源生态圈讲究共享，而不是独享，否则很难实现可持续发展。另一方面，也要着力解决企业内部"不愿开放共享""不敢开放共享""不会开放共享"问题。

依托数据建立资源统筹平台。数据是资源生态圈系统形成的重要基础，是推动生态圈伙伴实现有效链接、信息共享、充分协作和资源整合的关键要素，也是生态圈伙伴结合不断跨界、孵化培育新业务的基石。设计企业依托项目积累了大量工程数据，将历史数据打通，建设大数据平台，能够有效链接和服务于工程勘察、工程设计、工程施工、工程运维各环节，再通过嫁接云计算、区块链、物联网、5G等技术资源，使整个生态系统具备在未来整个城市建设运营领域延伸的核心能力。

构建完善的协同赋能机制。要想实施好生态战略，合作伙伴之间必然存在一套机制使得生态圈内的环境始终呈现开放和共享的状态，这套机制中既需要基于资源协同的合作机制，也需要基于安全底线的风控机制，还要包含共同价值评估机制和利益分配共享机制。完善的规则是保证生态伙伴凝聚资源力量共建共享的基石。

以联合创新引领发展。创新是促使资源生态圈持续保持活力的关键因子，源源不断的创新能够推动生态圈中的技术、人才、数据等资源流动起来，使生态伙伴真正黏合在一起，不断探索新的技术、产业价值和商业模式，逐步演化成更多维度、更多组织、更多层次的共生关系。

"这是一个只有相互联系才能生存的世界。要么利用新的合作方式，要么被淘汰掉。"当前企业拥有核心竞争力已经不能保证在竞争中立于不败之地，主动构建资源生态圈，形成新的价值创造模式，才能在不确定的环境中一路披荆斩棘、勇立潮头。

以管理创新推动资源的整合与集成

在外部生态布局方面，借助混改机遇，实现与包括科技型、平台型等多元化战略资源的深度对接和整合，探索在市场与项目层面开展务实深度合作，建立业务模式升级与开发的共同投入和工作机制，协调各方利益，推动共同发展目标建立。

在内部生态布局方面，着重于建设一线生产机构，以及全国区域化布局相关分支机构的差异化布局。一方面，尝试结合业务升级步伐，逐步建立围绕产业链上下游形成专业布局的相关生产机构设置，减少生产机构同质化发展程度，为生产机构间横向合作与互补提供天然空间，形成院内部的良好生态合作关系；另一方面，尝试探索差异化的组织定位与管控方式，除传统的经济责任制管理外，可结合当地市场和战略合作者特点，采取股权合作、项目合作等多种层次合作方式更好地利用地方战略发展资源。

案 例
中国建筑设计研究院有限公司
——深化资源整合，打造多元生态链

中国建筑设计研究院有限公司（以下简称"中国院"）创建于1952年，前身为中央直属设计公司，其隶属于国资委所辖的大型骨干科技型中央企业——中国建设科技集团股份有限公司。中国院目前已基本形成了集设计、技术、科研于一体的集团化产业构架，包括建筑工程设计与咨询、城镇规划与城市设计、EPC工程总承包与咨询、风景园林与景观规划、建筑历史研究与文化遗

产保护、科研与技术转化六大业务板块。

中国院紧跟国家发展战略，在布局未来发展的业务时，以企业效益最大化为出发点和落脚点，寻找最适宜的商业模式和经营方式，建立业务发展的生态链。

在BIM技术方面，中国院与紫光股份有限公司合作成立了中设数字公司，中设数字公司以中国院BIM技术优势、研发成果和领先的行业地位为基础，借助紫光集团"从芯到云"的战略布局优势，实现国家队"联姻"国家队，强强联手、优势互补，共同组建以技术实践和滚动研发为核心，横跨工程建设行业、信息产业两大产业的创新型企业。以建筑行业数字化、信息化技术为突破口，通过对建筑行业和信息产业进行有机融合，推动BIM技术的传播应用与产业推广，打造BIM技术一体化"产学研用"平台，从而切实解决建筑行业与城市管理中关键性的痛点问题，促进中国建筑行业的数字与信息化发展革新，助力经济发展新方式，打造产业新生态。

在智慧城市方面，中国院与数字之光智慧科技集团合作设立了中设光环境科技研究院有限公司，将光科技与5G技术应用、物联网技术创新融合，提供智慧城市、智能建筑、智能家居解决方案，进行了很多有益的尝试。

在装配式内装方面，中国院与上海迅铸建筑科技有限公司合作推出铸居·装配式内装系统，以中国院和国家住宅与居住环境工程技术研究中心的核心技术能力为依托，铸居内装系统将项目设计与集成模块化建筑预制技术、装配式内装技术高效结合，实现了高效、高质、低能耗和可持续的现代化内装解决方案。

此外，中国院还以组建专业团队方式，从各部门抽调人员组建数据中心设计研究所，在大型金融数据中心领域具有较强的竞争优势和知名度。

分公司是中国院近年来发展探索的又一方面，既是地方业务窗口和经营平台，未来也是生产基地。所有部门通过项目管理体系有机结合，以项目为核心，优化整合全院的专业资源，使项目达到最佳人力配置，实现项目效益最大化。目前，每年在这些平台上运行的项目数量达到4000～5000个。专业院在大项目上实现全院资源统筹，综合院在中小项目及特色项目上更具灵活快捷优势。在充分适应市场不同需求、开拓市场空间方面，中国院可以在短时间匹配内部最全、最优的团队组合。

附录

谋 篇 布 局 　 赋 能 升 级

工程勘察设计企业"十四五"战略规划关键战略问题①

2020~2021年，天强已经为业内120余家单位开展"十四五"战略规划与实施咨询工作，感受到业内单位对"十四五"战略规划的重视程度远远高于过往任何一次，这既是企业发展的规律，同时也蕴含了更深层次的含义。

一方面，传统的行业发展认知以及积累的经验教训难以有效支撑我们对未来行业发展格局的理解；另一方面，企业发展过程中积累了一系列深层次的矛盾、一系列的隐忧需要面对。在"十二五"及"十三五"期间，企业只需要进行三分法来界定企业定位（设计公司/工程咨询公司/工程公司），"十四五"时期面对新的赛道、新的发展逻辑，企业未来战略规划愈发关心对环境的适应性、自身发展的敏捷性以及价值创造力，实现企业内生性、有韧性，可以不断地迭代、生长、自我完善。"十四五"期间企业面临的选择更多、更广、更细——综合化发展、产业化延伸、全过程咨询服务、科技融合等，企业面临更多的选择可能性，也会面临更多选择困扰。为此，天强根据业内企业关心、关注的重点战略问题进一步梳理，并

---

① 根据天强管理顾问咨询顾问撰写文章整编，部分内容已发布在思翔公社公众号。

提出相关策略，希望给予企业借鉴和帮助。

（一）如何有效构建一体化的服务模式

对工程勘察设计企业而言，无论未来工程建设采用哪种组织模式，企业均需积极构建一体化服务能力来应对挑战。

高端策划，场景切入。面临融合发展的新业态，设计企业若是脱离了应用场景，任何技术和优势都难以转化为现实生产力。集成化、一体化服务更注重以全新的思维方式构建工程建设全价值链服务模式，需从成本控制、业务模式、项目管理、风险管控等统筹策划，具备工程全局视野和统筹协调能力，为业主提供"菜单式""定制化"服务。企业应瞄准工程建设应用场景，如TOD、城市更新等更综合的场景等，通过应用场景引导客户需求，以为客户创造价值为导向，策划封装内外部的专业环节，最终形成满足客户需求的一体化解决方案。

集成化、一体化服务的核心在于客户需求识别和深度挖掘，通过具象的工程建设应用场景链接与整合资源提供集成性服务，最终以客户价值的超预期实现作为服务的落脚点。例如，武汉智慧生态城项目以塑造山水生态环境、引进新兴产业、打造智慧城市为特色，涵盖道路工程、景观绿化及环境综合整治，通过"环境+经济+人文"的综合解决方案，实现了生产、生活、生态"三生"融合的发展需求。

组织赋能，人才分层。勘察设计企业应统筹考虑组织架构的顶层设计，打破原有以设计为核心的组织架构，建立"以项目为中心"构建矩阵式"赋能型"的组织机构，以适应项目全过程管理和资源协调需要。同时提高内部资源组织协调能力，充分发挥设计的前端服务价值优势，提升一体化服务的关键能力，如项目管理能力、采购能力、风险管控能力等，保障项目安全高效运作。设计企业应积极推行人才分层管理，打造"先锋连+集团军+预备役"模式，即以高水平的项目策划团队和项目经理团队作为

"先锋连"，负责一体化项目策划、管理及任务拆分；以高水平的专业技术团队作为"集团军"，负责承接有技术难度的勘察设计、工程施工等拆分任务；以外委合作团队为"预备役"，负责技术难度低、运作成熟的分解任务，实现人才分层培养、分层管理、分层发挥。

全面推行项目制，精细化管理。集成化、一体化项目涉及专业多、管理难度大等问题，企业应全面推行项目制，以项目为最重要管理单元，更好地实现专业间的协调和项目的全方位管理。企业应从体系文件、操作程序、工具表单等层次入手，从项目五个发展阶段、九大管理要素等维度，建立完善包括项目管理程序文件、作业指导文件及手册在内的项目管理体系文件，实现项目管理规范标准的体系化和全覆盖，逐步实现项目成本核算、绩效分配等规范化管理。在体系规范的基础上，通过项目信息化系统，实现工程各类数据和工作流程的电子化、信息化，动态调整和优化人力、资金、物资、设备等各种资源的配置，达到全面控制工程进度、成本和质量，实现科学化、精细化管理的目的。

平台思维，生态发展。在发展全过程工程咨询、工程总承包、全生命周期服务等业务模式和数字化新兴业务时，工程勘察设计企业需要积极整合施工企业、工程咨询企业、监理企业、工业化制造企业、互联网企业、金融企业等不同领域的优秀企业资源，建立生态系统打造共赢发展的资源链接能力。如"西安幸福林带"项目，集综合管廊、地铁配套、地下空间、景观园林及市政道路五大业态于一体，积极搭建资源合作平台，整合投资、勘察设计、工程建设等合作资源，形成了和谐共赢的生态发展新模式。

（二）城乡发展新思路下，产品创新策略

当前我国城市建设发展理念与模式转型正在深刻影响着市场需求走向。例如，城市更新作为城市集约化发展的方式之一，近年来中央政策不断升级，发展空间广受关注。但城市更新不同于新建市场，不仅要解决功能性问题，还需要回答"如何更好地满足人的需求""如何更好地促进城市与产业融合、实现可持续发展""如何促进城市与自然生态的共生"等问题。

城乡建设市场这片热土上，不仅有相关领域的工程勘察设计企业，多样性市场主体更在迅速集结，包括：相关工业与土木领域的工程公司正在依托项目管理能力与属地化市场资源以全过程服务切入；施工建设企业依托施工管理和资本优势，并在前端设计咨询能力等方面加码投入；投资机构依托融资能力与广泛的资源整合能力推进布局探索；相关科技企业正在依托算法、算力为基础的数字化能力和资本优势重点探索面向运营端的布局，同时也在深入推进联合合作方式以补齐工程场景需求理解方面的短板。城乡发展场景的市场争夺正在加剧，市场主体多元化、竞争要素立体化以及融合发展趋势日益显著。要想把握机遇、抢占赛道，工程勘察设计企业必须跳出单一技术视角，从场景视角去思考产品化发展，并建构和持续迭代商业模式，驱动可持续生长与发展。

企业可以探索"P+A+D/B+O"创新模式，推动城乡建设场景化产品的服务落地。

P（Planning）：强调策划引领，打造入口，创造市场。业内企业可以广义需求洞察为基础，通过策划咨询工作系统提供满足政府城乡发展要求、生态可持续、投资方经济性要求、区域利益相关方生产生活方式以及建设运营主体的利益等全域问题解决方案，抢占一级市场的入口，把握先导经营优势。

A（Alliance）：强调资源先行、生态合作，打造覆盖建设领域、运营发展领域的资源联盟。单一企业很难全面满足城乡发展场景下的融合型、复合型需求所需要的资源能力，需要广泛地链接整合资源。业内企业开展策划咨询的过程中就需要同步推进资源整合沟通工作，并开展联动经营工作，提升成功率。

D/B（Design/Build）：建设阶段是工程勘察设计企业熟悉的环节，但并不是所有企业都适合或有能力转向全过程服务，需要结合自身资源能力和风险管控需要，选择最适合、最能打造独特优势的服务方式。

O（Operate）：存量市场的运营服务正在新的增长点，特别是围绕绿色、智慧等方向的需求。运营业务的发展探索不仅可以反哺前端业务，还可以通过与数字化等新技术结合，突破依赖于人的传统盈利模式。

（三）市场经营新趋势、新特征、新策略

纵观这些年工程设计行业的发展，设计院市场经营随着行业发展在持续地变化。在市场化初始阶段，招投标制度尚不完善，大部分设计院还是采取项目客户跟随导向，以关系经营为主。在行业高速成长阶段，自2008年行业开启高速增长后，很多设计院抓住市场机遇，通过外地分院、两级经营等方式加快市场布局的步伐，逐步呈现出渠道经营导向的特点。在行业成熟发展阶段，2015年之后，随着行业整合，不再是所有设计院都能活下来、活得好，工程勘察设计市场逐步步入成熟期，部分设计院开始通过资源集成以产品线、业务线作为主要的维度，转向品类经营导向。

以产品思维促进客户需求升级：深度挖掘工程建设与运营的各类新场景，建立以用户需求为导向的核心宗旨和以迭代优化为导向的工作路径，努力创造并引领客户需求。站在产品思维的视角，对产品所针对的市场环境趋势、具体应用场景、客户群体及需求、竞争格局以及核心价值进行精准的分析研究定位，进而基于产品的视角进行策划推广。

协同整合构建立体化经营：借助专业化的经营工具和管理机制，深度分析市场的竞争特点与趋势，规范和提升项目线索、项目投标、商务谈判、合同管理等销售全过程管理，既发挥业务单位面对市场触点的敏捷优势，同时又发挥公司层面的规模集成优势，各类经营主体充分协同，建立大经营体系。

通过数字营销技术描绘客户画像，实现精准营销：未来五年，数字化转型是行业内企业必须面对的核心战略命题。数字化技术同样赋能于市场经营，通过数字化技术建立客户数据分析与管理体系，形成客户画像模型，实现客户全生命周期的数字化管理。

（四）运营管理重难点问题

1. 如何高效地推进项目经理负责制

构建适应项目经理负责制的组织结构是前提。项目经理负责制需要组织结构的支撑，需要改变过去由院（分院）或牵头专业所主导项目管理的局面，把相应的权力及职责真正交到项目经理手上。为了保障好项目经理在项目矩阵中的权责利，公司层需要强有力的协调及监管部门，为项目开展过程中的人员协调、考核分配、进度质量管理等环节保驾护航。

提升项目经理的能力是基础。设计院高效推行项目经理负责制的基础，是拥有一支具有战斗力的高素质项目经理队伍。项目经理对外代表公司，对内负责项目的管理，能力尤为重要。从实践经验来看，优秀的项目经理往往以公司副总工程师、专业总工程师、核心技术骨干为主，设计及设计管理能力仍是项目经理的首要能力。公司应系统地培养项目经理队伍的组织管理、专业技术、沟通协调等方面的能力，同时应加强对项目经理职业道德和思想品德的培养。

厘清项目经理的权责利是核心。推行项目经理负责制，核心是提升项目经理在项目矩阵中的权责利，充分地激发项目经理积极性，赋能项目经理，让项目经理为企业创造更大的价值。赋予及加强项目经理对项目成员选择、管理、考核等方面的权力。对于项目的专业负责人、技术人员实行专业所推荐、项目经理选择、生产管理部门协调的方式，充分尊重项目经理的选人、用人意见；赋予及加强项目经理的成本、质量、进度的控制权；赋予及加强项目经理综合方案的决策权，当项目经理与专业负责人、专业所所长在技术上存在分歧时，应充分尊重项目经理的意见，尽量满足项目经理的要求。由于项目经理对外向业主负责，能够获取第一手的反馈信息，应提升项目经理在质量、进度考核时的权重。

完善项目管理的机制是重点。项目经理负责制不是简单地转移责任，而是需要在赋予责任的同时，让渡相应的权和利。为了充分激发项目经理的积极性，保障项目经理能够管好项目，公司需要做好配套制度的建设。

2. 采取权责发生制核算体系的必要性及策略

"十四五"是勘察设计企业战略、组织、运营管理系统升级的重要时期，各家勘察设计单位在开展业务的过程中，需要更加关注这些基础工作。按照权责发生制确认收入，作为规范管理的重要支撑手段之一，应引起足够的重视。

根据行业操作经验，勘察设计企业收入确认可以选用工作量法、工时法和成本法三种，勘察设计企业怎样选择合适的收入成本确认方法，选择了方法又怎样确定相关计量标准？这个问题是重中之重。标准一旦确定，一方面会对企业当期及后期生产经营产生持续影响，另一方面也会对过去积累的存量合同进入资产负债表产生重大影响。实际操作情况也不是勘察设计企业想怎么选就怎么选，还要以自身的项目管理水平为基础。如果公司主体组织架构倾向于强矩阵，项目管理水平较高，相应设计模块产值统计水平精确细致，工时匹配水平有长期统计，则可以尝试推行工时法。如果公司工时统计水平不够精细，但相应模块产值成本统计水平精确细致，则可以尝试推行成本法。如果公司过去以承包制管理为主，长期实行院所两级管理，对设计模块的产值统计与对工时的统计均不够细致，则可以尝试推行与合同确认挂钩较为密切的工作量法。

配合权责发生制的推进，勘察设计企业也应该顺势推进项目中台建设，在平衡协调财务口与生产管理口的职能、职责基础上，让企业对项目进行更为高效务实的管理。权责发生制收入确认的核心工作是对合同的确认，财务口如果没有生产管理口的支持，结果也是"两张皮"。同时，成本确认中的直接成本确认与部分间接成本确认，也需要生产管理口的配合，才能做到实事求是。因此，在推进权责发生制的同时也推进项目中台管理建设，能够促进核心职能部门间的高效合作，避免扯皮推诿，有助于加强勘察设计企业直接对项目的管控，限制业务单元的离心、分裂倾向。

3. 院所两级管理下，设计院承包制的"痛"如何解决？

经济责任制或称技术承包责任制，是工程勘察设计行业内设计企业中常见的一种经营模式或生产组织模式，尤其在建筑、检测等行业壁垒较低的企业中更为常见。承包制伴随设计企业从生产走向发展，在一定的历史时期内发挥了积极作用，促进了行业内各企业的发展壮大。众多设计院过往通过承包制的组织模式"活了下来"，并做大了企业规模，实现了较好的盈利趋势。但随着行业近年来的发展趋势发生变化，政策端与需求端都日益强调一体化整合服务能力，原有单一领域、单一环节的竞争日益加剧，承包制的弊端也日益凸显。"十四五"时期，面对新的变化和要求，如何来解决？

第一，权衡利弊，谨慎决策，舍得"割肉"。承包制"改"还是"不改"，是局部优化试点、循序渐进还是一鼓作气，这个问题并没有统一的答案，既有企业通过改革承包制焕然一新，也有企业因为强硬取消承包制流失大量市场走了下坡路。因此，对待承包制改革并非一味地否定承包制的作用，在改革中听取民意与领导决策同样重要，同时公司总部层面所掌握的市场资源、对下属院所的管控程度、企业所处行业、领导班子改革决心等因素均为改革关键。需要指出的是，若承包制改革对公司整体起到的负面作用大于积极作用，即使造成部分人员流失，这也是改革中必须承担的成本。

第二，强化总部管理职能 。承包制企业的总部就像八爪鱼，头小、四肢发达，因此无论是否要取消承包制，都应该加强总部的管控职能，把"脑袋"做强。做强总部可从以下两个方面同时推进。

打造"大经营、大市场"经营体系。市场资源的获取、整合、维护对任何组织类型的企业都至关重要。强化总部职能可以从加强公司整体市场经营统筹能力入手，优化经营管理系统：统一管理、组织、协调市场经营活动，建立信息平台，对市场信息汇总分析，做好合同管理、客户资源维护、市场渠道维护及总部营销队伍建设，构建整合协同经营的"大经营体系"。

建立标准化管理体系。生产组织模式改革很多时候是建立在完善的内部管理体系基础之上。企业发展的初级阶段通常采取较为宽松的"粗放式管理"。随着企业规模不断扩大，管理效率的提升很大程度上决定了企业资源协调利用率以及企业的发展潜能。采取承包制的企业通常管理缺失更为突出，需要从财务、人力资源、技术质量等各方面寻找突破口，循序渐进，不断完善企业各项管理制度、各种监督及反馈机制，提高管理效能。

第三，为生产部门员工赋能。一是构建人才发展体系。赋能员工首先需要构建完善的人才发展体系。从人才引入、发展及提升三个角度来看：首先，需要优化企业的招聘体系，持续拓宽内外部招聘渠道及招聘手段，利用好新型媒体宣传平台以及专业人才服务机构；其次，构建科学合理的职级发展通道，为员工多元化发展提供空间；最后，利用岗位胜任力模型等工具构建包含人才匹配、测评、培训在内的人才培养体系，为员工持续发展赋能。二是建设企业中台。中台建设可分为业务中台、技术中台、管理中台、数据中台。不同类型中台具备不同功能，但总体而言，中台的作用在于聚合跨分院、跨部门、跨地区各分支机构的通用资源，产生"聚合"效应，实现企业"量变到质变"，尤其在承包制模式的企业改革中效果突出。

第四，探索激励模式改革。设计企业生产人员薪酬激励模式各有不同，常见的有工时制、年薪制、提奖制、定额绩效等。每种激励模式均有其优缺点，企业应根据自身情况及诉求，探索不同激励模式。其中，目标责任制改革是一种较为大胆的改革方式。目标责任制指各部门以完成公司下达职责为导向，通过绩效考核决定其薪酬的一种生产组织模式。部门负责人薪酬采取年薪制，与部门经营业绩挂钩，政策允许下也可尝试推行"超额利润分享"，即对完成目标后超额的部分提取一定比例的激励。目标责任制一定程度上可以解决承包制模式企业管控较弱的问题，但同时也一定程度上限制了各部门的积极性，易引起内部反对，改革难度较大。

（五）勘察设计企业如何深化三项制度改革

我国勘察设计企业的三项制度改革从不断探索到持续深化用了几十年的时间，经历了放权让利改革、现代化经营机制改革、市场化改革、深化三项制度改革等多个阶段。当前，随着传统勘察及设计业务比重下滑，行业高质量增长的需求迫在眉睫，而"一体化、数字化、集成化"的商业生态系统也给设计企业的内部管理提出了新的挑战。三项制度改革作为有效激发国有企业改革发展的内生动力，"十四五"时期再一次被提上日程，也对业内企业的内部管理提出了更高要求。

当前对于勘察设计企业，完整的三项制度改革需包括以下内容：第一，以市场化为导向，建立市场化劳动用工制度，国有企业推行三项制度改革的关键就是要加强劳动合同管理，在尊重历史的基础上，逐步消除职工身份差异，主要工作包括科学管控员工总量、严把入口、持续优化人员结构、有效分离冗员等。第二，深化人事制度改革，健全干部能上能下机制，干部"能上能下"是人事制度改革的一项核心任务，是干部队伍优化结构、提高素质的关键所在。其主要工作包括规范干部编制管理，严控干部数量，完善任职资格体系，明确岗位标准，改革干部选拔方式，提倡竞聘上岗、竞争择优，强化干部考核力度等。第三，建立市场化的薪酬分配体系，主要工作包括建立薪酬总额管理；优化员工晋升机制，完善薪酬分配体系，设计合理的薪酬结构，建立薪酬水平市场化机制。

改革重点1：构建与战略相匹配的组织架构

勘察设计企业一方面要逐步从事务型/管控型总部向价值型/赋能型总部转变，通过构建敏捷前台、赋能中台、柔性后台的组织模式，在新业务转型孵化、经营市场统筹、技术创新等方面真正创造价值。另一方面，要基于业务转型需要，进一步对公司的业务单元架构进行优化调整，如数字化业务的机构设置等，并在此基础上理顺不同类型的业务部门与公司总部的经济核算关系以及管控模式，以适应各类业务不同的发展阶段和方式。

改革重点2：建立基于"任期"的经理层成员"契约化管理机制"

国有企业管理人员"能下"的问题始终是三项制度改革的重点和难点之一。在本轮国企改革浪潮中，随着市场化程度不断提高，内部管理人员任期"终身制"的现象需要从根本上解决，最终建立起"能者上、庸者下、平者让"的管理机制。

契约化管理的关键有四点：一是要健全授权体系、落实经营层职责，通过构建权责清单，规范董事会（或控股股东）与经理层、总经理与其他经理层成员之间的权责关系；二是要以高质量发展为"指挥棒"，围绕重点要求，建立经理层战略绩效考核机制，形成经营业绩考核+综合考核评价+党建工作责任制考核的当期与任期考核；三是要搭建"基本年薪+绩效年薪+任期激励"的薪酬基本框架，创新以增量业绩为导向的薪酬激励方式；四是要强化刚性兑现，落实契约化管理，将考核结果严格应用于薪酬与聘任退出。

改革重点3：试点职业经理人，开展市场化管理

从国有企业试点职业经理人的方式来看，全面探索模式、"特区"模式、"双轨"模式、零星试点模式各有其利弊，设计企业需要结合自身条

件，选择适合的模式逐步推行。

改革重点4：完善员工职业发展体系，打通人才流动壁垒

结合三项制度改革，设计企业需要通过优化岗位序列，针对不同能力类型的人才群体打造不同的岗位序列通道，并对关键人才类别进行强调和凸显，从而让关键人才更好承载战略的落地。同时，通过优化岗位层级，从人员结构、人才发展周期、通道长度等方面进行设计，进而建立员工纵向、横向"网状"发展通道，打通序列间、岗位间的横向流动，最终实现与员工的招聘、发展、薪酬考核联动。

改革重点5：清晰考核目标，形成与战略的强关联

基于战略目标分解，建立部门绩效目标与公司战略目标之间的关联关系。通过目标分解，促进业务部门的绩效指标不仅关注当下和经济指标，还要关注长期指标和战略性指标，并针对不同层级人员采取差异化的考核模式，公司层面制定分配整体原则和导向，各部门结合自身实际制订绩效分配细节（审核）后执行。在此基础上，公司进一步强化考核结果对个人薪酬、发展等方面的多维度影响。

改革重点6：优化工资总额分配，联动效益与市场

国有设计企业需要系统考虑从工资总额到一级分配再到二级分配的薪酬体系，并结合公司战略导向，形成一级分配既能够体现业务板块、功能差异，又能够兼顾公司整体发展，二级分配根据公司战略定位、业务发展规划，确定不同岗位序列人员的绩效工资结构，体现岗位价值差异和业绩表现差异。

改革重点7：补足中长期激励短板，提升核心人才激励力度

针对核心人才、骨干人员，如何吸引人才、留住人才已成为许多国有设计院能否持续发展的关键，在工资总额管控前提下，中长期激励在其中的作用与价值已愈发明显。需要在政策空间内找到合适且能够开展的中长期激励手段，解决激励模式选择、激励力度确定、发放筹划、风险控制等

方面的问题。

改革重点8：强化人才培养，形成人才内部供应链

三项制度改革，真正目的在于做好人才的"选用育留"。在越来越以人为核心的行业竞争中，全周期人才培养将为企业制胜发挥巨大作用。为此，设计企业一是要定准人才标准，结合内外部环境和组织战略，运用能力模型、人才画像等技术，形成科学、清晰、便于推行和传播的人才标准；二是要精确人才评价，紧密围绕人才标准，运用线上、线下人才测评技术，在招聘、内部潜才识别等环节提升精确度，利用人才盘点摸底组织人才现状；三是高效人才培养，以人才标准为培养目标，合理设计培训、轮岗、带教等培养方式，特别是对甄选出的关键潜才重点靶向性培养。

（六）如何有效构建企业品牌"护城河"

行业的竞争已经打破了区域的界限、行业的界限。在过去管办不分状况下，资质不是想买就买得到，也不是想申请就能申请得到（民营设计院的窘况即是如此）。而随着市场化程度的加深，资质的"护城河"正在变窄变浅：一方面，本地的设计院不一定守得住本地的市场；另一方面，工程勘察设计行业也不一定守得住工程建设、运营这个大市场。未来品牌的"护城河"才是真正的"护城河"。

设计院的企业名称已经回答了"Where"和"What"。另外一个"How"，就需要花力气挖掘。找到彰显独特性的、具有差异化的定位是建立企业品牌的灵魂。

"对内做加法"：通过挖掘历史事件找到闪光点，将这些闪光点视为品牌定位的根基。很多设计院都是历史大院，只有传承它所固有的特色，汲取其历史和文化的营养不断塑造和美化自己，才能形成具有真正魅力的企业品牌。编撰院史是"对内做加法"的有效方式之一。

"对外做减法"：将企业这些闪光点和社会发展阶段性诉求相融合，

去芜存菁，最终在市场上转化为解决社会问题的承诺。

　　为抽象的品牌理念找到具体的载体，通过载体扩展对品牌的联想，加强对品牌差异化的理解，对于设计院而言，这个载体可以是个人、可以是项目，也可以是座城市。

　　作为传播载体的个人，可以是具有企业家精神的院长、行业领军的专家，也可以是具有创新精神的先锋设计师。除此之外，设计行业普遍采用顾问式销售模式，所有接触市场、客户的人员均是对外品牌传播的载体。

　　作为传播载体的项目，要具有话题性。很多设计院在项目宣传上存在一个误区，宣传面仅停留在技术层面。建议首先要确定宣传目的，其次要确定宣传的受众群体，再来确定宣传策略。如果是同行间的技术交流，大家可以多谈技术层面的问题；如果面对业主，对于政府业主应该多传递项目带来社会效益的相关信息，对于企业业主应该多传递项目带来经济价值的相关信息。既能"阳春白雪"，又能"下里巴人"。总之，要用群众喜闻乐见的方式，大家才愿意帮你宣传。

　　长期服务城市市场，这是设计院得天独厚的品牌助力。设计院用技术服务城市建设和运营，反之城市的品牌也可助力设计院的品牌建设。用城市发展理念背书设计院的品位和品质。例如，杭州市具有得天独厚的自然景观和人文景观，政府在城市建设中着力将"西溪湿地文化"打造为独特的城市品牌形象。而杭州园林院设计的西溪湿地国家公园是我国第一个国家级湿地公园。随着城市品牌影响力的扩散，杭州园林院也将"湿地与滨水景观"业务优势转化为品牌资产，而随后在长春、长沙、广州、杭州等地承接的湿地公园设计项目可以理解为是品牌资产的变现。因此，设计院可以借力城市品牌的输出带动企业品牌的输出。

　　采用单一品牌策略的企业要注重渠道建设，采用多品牌策略的企业要厘清品牌架构。采用单一品牌策略，即"一招鲜，吃遍天"的企业，更需要注重渠道的建设。这类企业的品牌构建往往是通过一项极其成功的产品完成，其方法就是让该产品成为客户心目中某个专业领域的权威。建议这类企业将品牌价值通过渠道拓展经营范围，从而放大收益。这里提到的"渠道"，包括经营部门、自建的外地分院，也包括和当地资源组建的合资子公司，或是改编挂靠团队而形成的分、子公司，或是采用松散合作模式的当地团队。

采用多品牌策略的企业，需要回答的是该企业有多少个品牌、品牌之间是什么关系这两个问题。这两个问题对设计院的现实意义是，如何向客户解释"专注""专业"和业务产品范围横向拓展、纵向延伸的问题。企业需要建立一个新的分类标准。

工程勘察设计行业相关上市企业情况梳理

当前越来越多的工程勘察设计企业登陆资本市场，上市后基于战略转型的需要，一些企业依托资本力量加快业务升级、资源重组整合，整体业务布局发生巨大变化。与此同时，产业链上下游企业近年来为提升全过程、全生命周期服务的能力，也在加强设计环节补短板，产业融合态势不断加剧。

随着上市企业数量不断增加，有必要对上市企业类别进行分类界定，在此以工程技术服务业务占比作为主要参考指标，由此分成以下四类。所有上市企业统计截至2021年9月30日。

第一类：以设计咨询等工程技术服务为主的企业（见附录表1）

分类标准：工程技术服务收入占主营收比重不低于50%。

说明：

①工程技术服务业务不仅包含设计，还包括规划、咨询、检测以及项目管理等技术服务。

②业务占比数据来源为各家企业2020年年报，加"*"的数据来源为2021年半年度报。

从以工程咨询设计业务为主的上市企业来看，截至2021年9月，已经有27家成功上市，1家已经成功过会，其中以建筑设计业务为主的有10家，交通设计为主的有6家，3家以城市市政设计业务为主，2家以景观设计为主，2家规划类，3家检测测绘类，以及综合集团与室内设计企业。

从上市日期来看，行业内经历了2次上市的密集期：一次是2016～2017年，共有8家企业成功上市；另外就是2020年之后，共有10

家企业登陆资本市场。上市企业也呈现出了区域密集的特征，自从苏交科
2012年率先登陆资本市场后，江苏省先后有7家企业上市，一度遥遥领先
其他区域，广东省设计企业先后伴随着2017年、2020年上市热潮，已经
有9家成功上市，1家已过会，上市企业数量超过江苏省。

从28家行业内以设计咨询为主业的上市企业规模来看，仅有3家企业
营收在50亿元以上，9家企业营收在10亿～20亿元，整体来看，上市设计
企业规模体量偏小。

以工程咨询设计等工程技术服务为主的上市企业名录　　附录表1

上市时间	股票名称	设计业务营收占比（%）	工程技术服务业务营收占比（%）	工程总承包业务营收占比（%）
2012.01	苏交科	—	91.6	8.19
2014.10	华设集团	60.05	28.35	10.83
2014.12	华建集团	48.33	8.15	43.37
2014.12	中衡设计	58.42	14.49	26.02
2015.12	华图山鼎	100	—	—
2016.02	启迪设计	53.6	7.14	32.39
2016.06	合诚股份	34.16	57.31	—
2017.06	杰恩设计	90.51	—	—
2017.06	中设股份	78.29		21.71
2017.07	建科院	21.37	56.15	18.12
2017.08	设计总院	72.76	4.54	22.69
2017.08	勘设股份	49.32		48.76
2017.12	设研院	91.03		5.74
2019.02	华阳国际	65.3	10.49	24.22
2019.05	新城市	28.13	68.27	—

上市时间	股票名称	设计业务营收占比（%）	工程技术服务业务营收占比（%）	工程总承包业务营收占比（%）
2019.05	甘咨询	38.25	31.03	12.61
2019.11	筑博设计	92.53	7.48	—
2020.04	测绘股份	—	98.47	—
2020.08	南大环境	82.23		17.56
2020.10	地铁设计	84.34	6.34	9.32
2021.02	奥雅设计	98.7	—	1.3
2021.04	尤安设计	100	—	—
2021.05	蕾奥规划	4.16	95.84	—
2021.07	华蓝集团	77.95	20.22	—
2021.07	霍普股份	100	—	—
2021.08	山水比德	100	—	—
2021.08	深水规院	61.44	38.55	—

第二类：以工程总承包业务为主、工程技术服务业务为辅的企业（见附录表2）

标准：

①工程总承包业务占主营收比重不低于50%；

②技术服务收入占主营收比重不低于10%。

说明：

①工程技术服务业务不仅包含设计，还包括规划、设计、咨询、检测以及项目管理等技术服务；

②业务占比数据来源为各家企业2020年年报。

以工程总承包业务为主、工程技术服务业务为辅的上市企业名录　附录表2

上市时间	股票名称	设计业务营收占比（%）	工程技术服务业务营收占比（%）	工程总承包业务营收占比（%）
1993.07	太极实业	10.17		63.92
1997.06	中船科技	30.44		64.95
2007.02	中国海诚	22.28	11.89	65.77
2007.07	东华科技	5.25		94.26
2010.09	三维工程	16.54	—	41.67
2016.05	百利科技	6.75		54.55
2017.02	镇海股份	9.55	—	88.72
2017.05	杭州园林	18.47	—	81.54
2017.10	永福股份	28.57		64.01
2018.05	汉嘉设计	39.55	—	60.45
2021.04	苏文电能	10.65		69.72

第三类：设计业务单列的专项工程类施工企业

标准：

①主要包括风景园林（见附录表3）、装饰装修（见附录表4）等的专项工程类施工企业；

②设计业务在主营业务中单列，且占主营收比重不低于1%。

说明：

业务占比数据来源为各家企业2020年年报，其中股票名称前面加"*"的数据来源为2021年半年度报。

设计业务单列的风景园林类施工上市企业名录　　附录表3

上市时间	股票名称	设计业务营收占比（%）
2010.06	棕榈股份	6.08
2015.12	乾景园林	2.86
2016.06	文科园林	2.74
2016.08	*花王股份	35.27
2016.09	农尚环境	0.44
2017.03	元成股份	5.03
2017.06	诚邦股份	6.16

设计业务单列的建筑装饰类施工上市企业名录　　附录表4

上市时间	股票名称	设计业务营收占比（%）
2006.11	金螳螂	4.81
2009.12	洪涛股份	1.99
2010.09	广田集团	1.57
2010.11	弘高创意	7.2
2014.02	东易日盛	10.98
2015.02	柯利达	2.3
2016.03	建艺集团	1.36
2016.09	郑中设计	26.51
2016.11	中装建设	2.31
2016.12	名雕股份	6.73
2019.01	豪尔赛	0.97

第四类：拥有设计院子公司的央企（见附录表5）

标准：

①受国务院国有资产监督管理委员会监管，主要从事工程建设业务，且拥有1家以上的设计院子公司的国有企业；

②设计或工程技术服务业务在主营业务中单列。

拥有设计院子公司的上市央企名录　　附录表5

上市时间	股票名称	设计业务营收占比（％）	工程技术服务业务营收占比（％）
2006.06	中工国际	24	
2007.12	中国中铁	1.78	
2008.03	中国铁建	2.03	
2009.07	中国建筑	0.54	—
2012.03	中国交建	6.41	—
2018.08	中铝国际	9.53	—

2021年第二季度工程勘察设计行业思翔指数报告

2021年是"十四五"规划的开局之年，为了更加客观清晰地呈现行业发展动态，预判行业发展前景，及时提供决策参考，天强行业研究中心推出工程勘察设计行业思翔发展指数，该指数包含企业景气指数和企业信心指数两类，并通过即期和预期数据的分析，反映业内企业对行业发展现状以及未来发展趋势的看法。

一、企业景气指数

（一）景气指数总体分析

第二季度，在第一季度国民经济开局良好的情况下，经济运行稳中加固，工程建设有序开展，推动工程勘察设计企业稳步发展。经过对参与调研的勘察设计企业开展景气调查，第二季度勘察设计企业景气指数为91.0，与2020年相比已经恢复至合理区间，环比出现小幅度回调（见附录图-1）。

按企业性质[①]来看，国有企业第二季度的景气指数为95.8，较上一季度回落14.4个点；民营企业第二季度的景气指数为83.9，较上一季度回落9.3个点，虽跌落情况略小于国有企业，但仍低于国有企业的景气指数（见附录图-2）。

按细分行业[②]来看，第二季度除工程勘察类以外，其他三类细分行业企业的景气指数均有一定程度的下滑，由于其他三类细分行业景气指数的

---

① 因事业单位样本量较小，将不参与各类交叉分析，主要分析集中在国有企业和民营企业。
② 因样本分布差异，故仅分析工程勘察、工业工程设计、建筑设计和市政交通设计四大类别。

整体滑落，工程勘察类企业景气指数攀升至95.5；在跌落的三类细分行业中，建筑设计类跌幅最大，为21.1个点，主要原因与国家出台的政策相呼应（见附录图-3）。

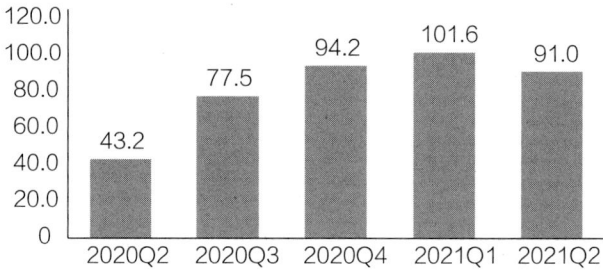

附录图-1　工程勘察设计企业景气指数走势

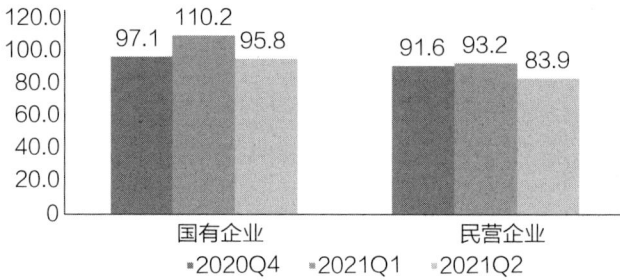

附录图-2　国有企业及民营企业景气指数变化

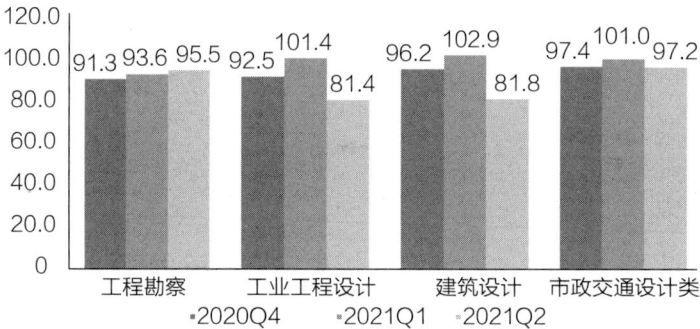

附录图-3　不同细分行业企业景气指数变化

（二）景气指数主要指标

1. 业绩表现：经营表现略微回调，毛利率稳步提升

勘察设计行业第二季度经营表现略有下滑。其营业收入指数得分94.0，较上一季度降低9个点；毛利率指数得分99.4，提升8.2个点，相较于前三季度，稳步提升。新签合同额指数得分100.0，虽较上一季度下跌4.3个点，但仍是三大经营指标中唯一与荣枯线100持平的指标（见附录图-4）。

按企业性质来看，第二季度国有企业总体表现仍好于民营企业（见附录图-5）。

在新签合同额方面，国有企业和民营企业相对比较接近，国有企业得分为88.4，较上一季度下滑21.4个点；民营企业得分87.6，较上一季度下滑10.7个点。

在营业收入方面，国有企业与民营企业之间仍有差距，但差距略微缩至14.8个点，国有企业得分92.1，较上一季度回落21.1个点，其下滑点数基本与新签合同额的下跌点数保持一致；民营企业为77.3，较上一季度下

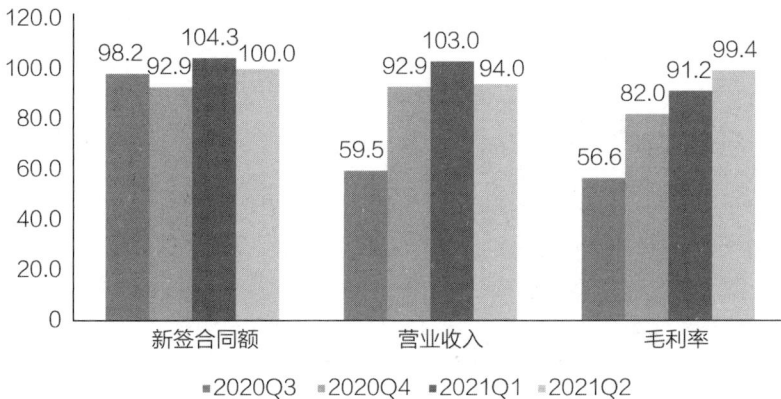

附录图-4　工程勘察设计企业经营指标景气指数变化

跌15.8个点。

在毛利率方面，国有企业和民营企业差异较大，国有企业得分87.8，较上一季度下滑8.7个点；民营企业受市场波动影响较大，得分为70.7，较上一季度下滑14.6个点。

从细分行业来看，工程勘察类企业总体经营表现最佳，建筑设计与工业工程设计类企业出现大幅度下滑（见附录图-6）。

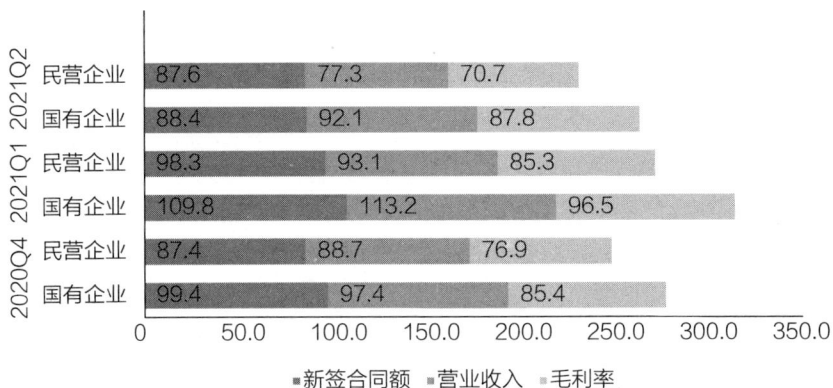

附录图-5　不同企业性质经营指标景气指数对比

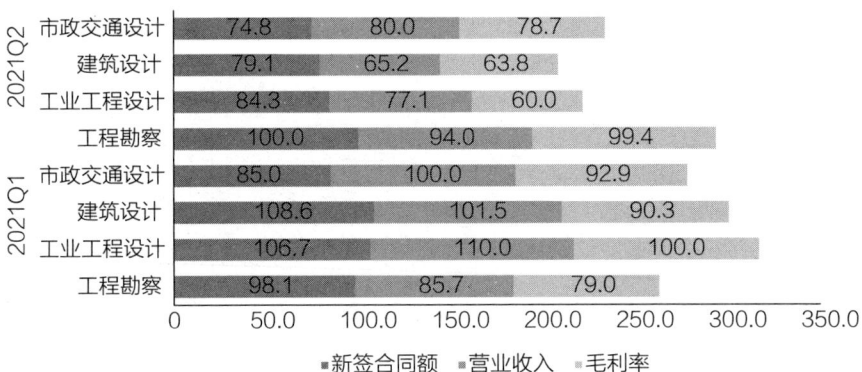

附录图-6　不同细分行业经营指标景气指数对比

在新签合同额方面，工程勘察类的指数高于荣枯线，得分为100，其他三大行业均出现不同程度的下滑，其中建筑设计与工业工程设计类的企业下滑最为明显，分别是29.5个点和22.4个点。

在营业收入方面，四大行业均跌破荣枯线。其中，建筑设计和工业工程设计类企业下滑依旧最为明显，较上一季度分别下跌36.3个点和32.9个点。

在毛利率方面，工程勘察类持续走高，较上一季度大幅度提升20.4个点，得分为99.4，接近荣枯线；工业设计类得分最低，得分为60，较上一季度大幅度跌落40个点；建筑设计类也出现大幅度下滑，得分为63.8，较上一季度减少26.5个点。

2.　资金表现：回款改善持续，整体行业现金流回落

第二季度勘察设计企业的资金整体趋势变现良好。其中，回款额得分91.9，较上一季度稳步提升2.9个点；现金流得分91.9，较上一季度回落8.7个点，企业资金表现较为平稳（见附录图-7）。

从企业性质来看，国有企业与民营企业的差距进一步缩小，与2020年第四季度基本持平。

第二季度，国有企业在回款额和现金流方面均仍领先民营企业，但

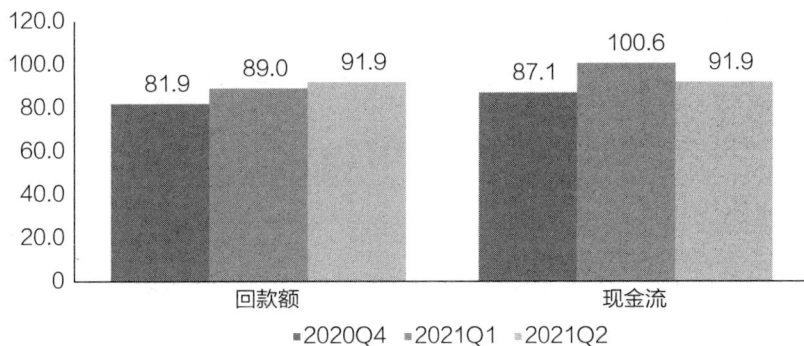

附录图-7　工程勘察设计企业资金表现指标景气指数变化

出现大幅度回落，两项指标分别为84.6和91.9，减幅均在20个点以上。而民营企业的回款额和现金流方面较上一季度有所不同，其中回款额得分微增0.8个点，现金流回调略低于国有企业，其下降了13.9个点（见附录图-8）。

从细分行业来看，工程勘察类市场影响波动偏弱，其他行业受市场"情绪"影响较大。

在回款额方面，建筑设计和工业工程设计回款额指数得分分别为65.9和77.1，下滑趋势明显，比上季度分别减少了41.8和32.9个百分点。

在现金流方面，四个细分行业第一季度均有不同程度的下滑，其中工程勘察类得分成为最高，为92.9，逼近荣枯线；建筑设计类下滑最为明显，较上一季度下降29.1个点（见附录图-9）。

3. 业务发展：业务发展趋于平缓，业务培育成效不佳

非主营地区营收指标得分80.0，较上一季度下降13.6个点；培育业务营收指标得分91.6，较上一季度大幅度下降24.4个点，低于荣枯线状态；平均设计费用率指标得分87.1，走势较为平稳（见附录图-10）。

从企业性质来看，国有企业业务发展好于民营企业。

在非主营地区营收指标方面，国有企业第二季度得分90.6，略低于荣枯线，较上一季度下调10.2个点，相应的民营企业第二季度得分81.9，两

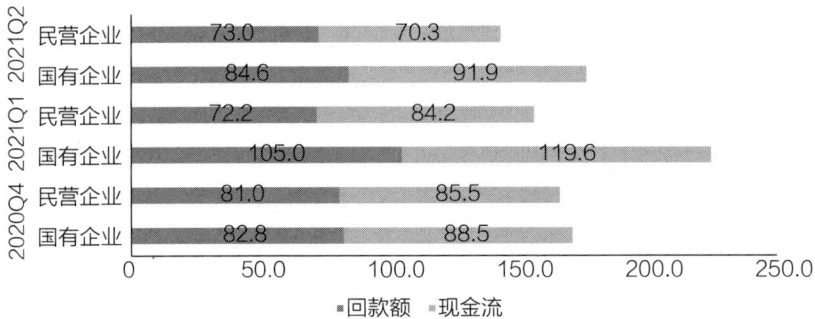

附录图-8　不同企业类型资金表现指标景气指数对比

204

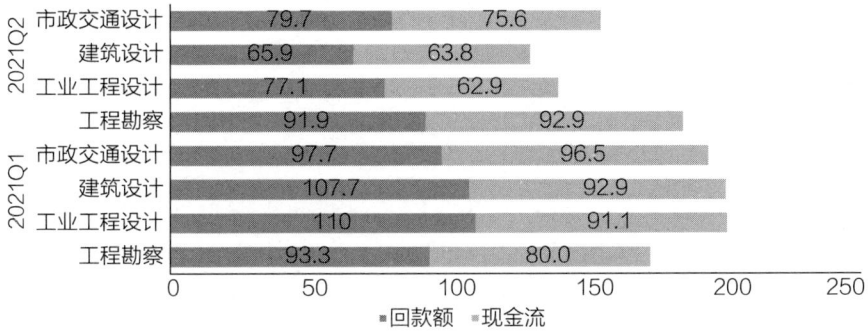

附录图-9 不同细分行业资金表现指标景气指数对比

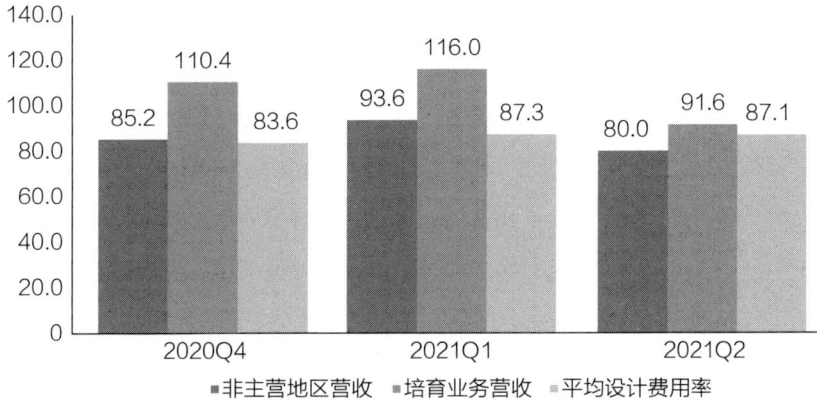

附录图-10 工程勘察设计企业业务发展指标景气指数变化

者差距在逐渐缩短。

在培育业务营收方面，二者均有所下滑，通过业务创新寻求新的价值增长空间已经成为工程勘察设计企业的共识。其中，国有企业得分108.4，高于荣枯线；民营企业得分98.1，即将达到荣枯线，在其他指标大幅度下滑的情况下，培育业务只受到微弱的影响，可见无论是国有企业还是民营企业都在坚定地走业务创新的道路。

在平均费率方面，国有企业和民营企业出现大幅度下滑。国有企业第一季度得分为80.6，较上一季度下滑13.5个点；民营企业得分仅有62.2分，下滑了17.4个点，对比国有企业，民营企业在平均设计费用率方面表现更加不佳（见附录图-11）。

从细分行业来看，工业工程设计类逆势上升。

在非主营地区营收方面，除工业工程设计类行业提升外，其他行业均下调。第二季度工业工程设计类得分为90.0，较上一季度增长14.4个点，其他三大类行业均下调10个点左右。

在培育业务营收方面，除工程勘察类跌落荣枯线外，其他三大类行业均高于荣枯线，持续高速发展。其中，工程勘察类跌幅最大，第二季度得分仅为91.6，较上一季度跌落20.8个点，从整体市场来看，仍旧不景气。

在平均设计费用率方面，除工程勘察类行情上扬以外，其余三类细分行业均有下滑。其中，工业工程设计类第二季度得分仅为50.0，在面临上一季度的减少外，持续大幅度下跌，一度减少了23.3个点，加上第一季度的跌幅，两季度持续跌落35.5个点。工程勘察类则保持稳步提升，得分87.1，相较于上一季度，提升7.1个点（见附录图-12）。

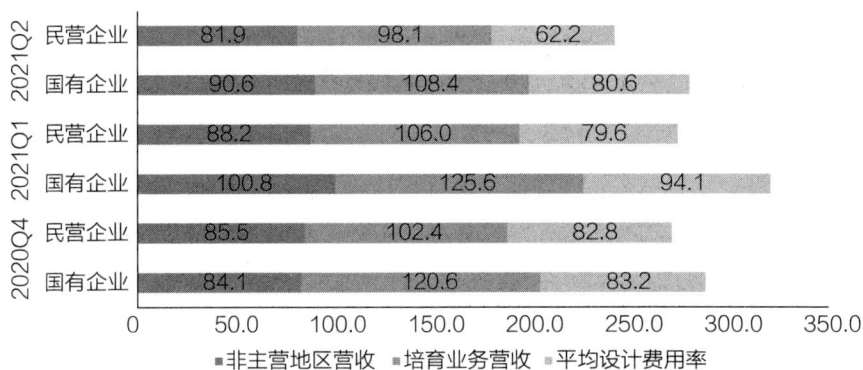

附录图-11　不同企业类型业务发展指标景气指数对比

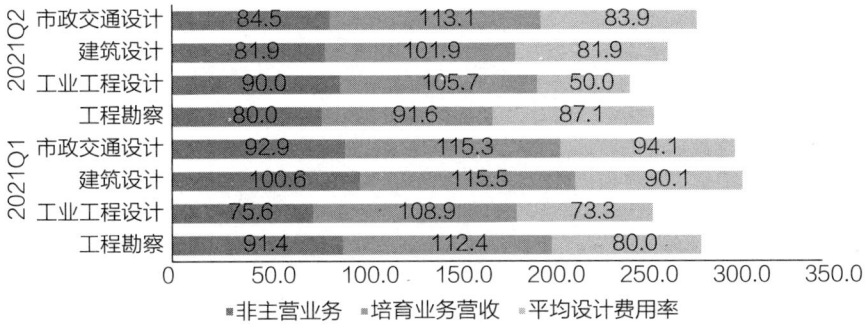

附录图-12　不同细分行业业务发展指标景气指数对比

二、企业家信心指数

（一）信心指数总体分析

后疫情时代，稳定向好的经济发展态势是勘察设计企业未来发展的强心剂。第二季度，企业家信心指数持续看好市场动向，逼近荣枯线水平。具体来看，第二季度企业家信心指数为93.2，虽较上一季度下滑16.2个点，但整体趋势与2020年第三、四季度走平（见附录图-13）。

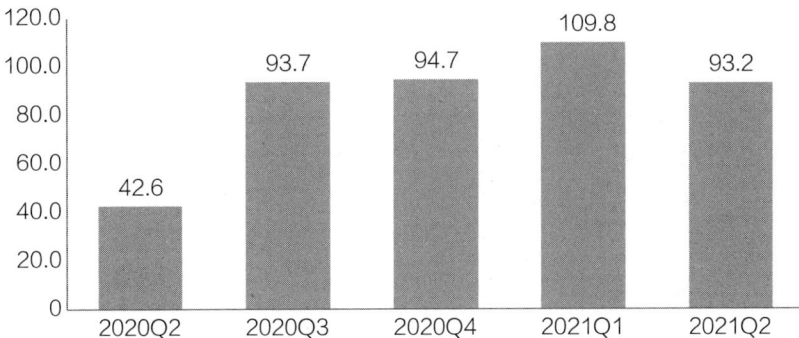

附录图-13　工程勘察设计企业家信心指数走势

　　第二季度，行业整体信心跌幅明显。从企业性质来看，国有企业对市场的信心更胜于民营企业，国有企业第二季度企业家信心指数得分为95.7，仍处在荣枯线附近；而民营企业受市场"情绪"影响的波动性较大，得分为83.9，跌幅达到26.2个点（见附录图-14）。

　　从细分行业来看，四大类在第二季度企业家信心指数都有回调，其中下降幅度较小的是工程勘察和市政交通设计类行业，分别为98.6和90.6，下调6.3和5.3个点。另外，两个细分行业则大幅度下降，其中工业工程设计类行业企业家信心指数得分仅有79.1，相较于上一季度，下滑40.3个点（见附录图-15）。

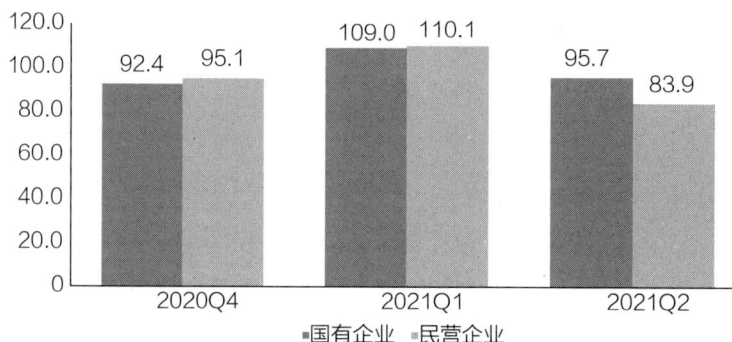

附录图-14　国有企业及民营企业企业家信心指数变化

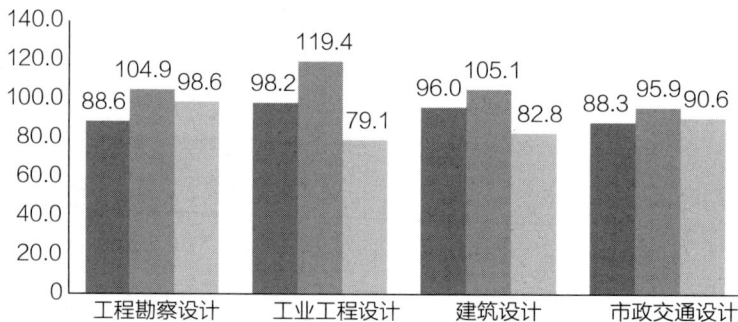

附录图-15　不同细分行业企业家信心指数变化

（二）投资环境信心指数主要指标

1. 投资环境持续向好

2021年，我国上半年固定资产增速为12.6%，第二季度相对于第一季度投资增速有所下滑，但整体增速仍高于上年同期。其中，在国家稳定宏观杠杆，严格管理地方政府隐形债务的背景下，基础设施领域投资增长有所放缓。对应工程勘察设计类行业来看，第二季度投资环境为101.3，仅是略高于荣枯线（见附录图-16）。

从企业性质来看，国有企业和民营企业均对市场持续保持良好信心，二者第二季度信心指数均出现一定程度的回落，但仍处在荣枯线附近。其中，国有企业投资环境信心指数为104.8，民营企业投资环境信心指数为96.3（见附录图-17）。

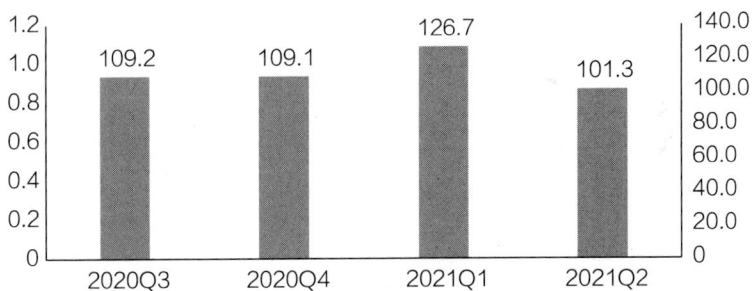

附录图-16　工程勘察设计企业市场投资环境信心指数变化

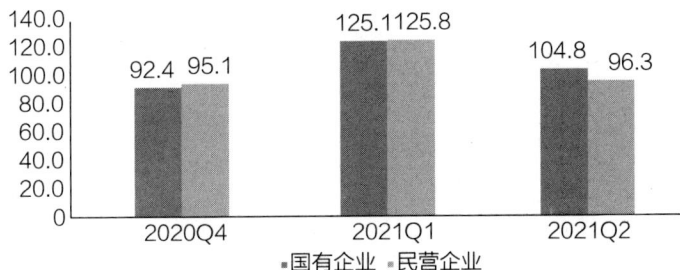

附录图-17　不同企业类型市场投资环境信心指数对比

从细分行业来看，除建筑设计类外，其他基本在荣枯线附近，三大类得分分别是工程勘察设计类99.3、工业工程设计类105.0、市政交通设计类105.5。建筑设计类则出现大规模萎缩，跌幅达到27.6个点，其主要与政府出台的宏观政策有关（附录图-18）。

2. 市场需求明显回落

工程建设领域的市场在前三个季度暴发后，随着城镇化进程的加快，政府固定投资减少，市场需求总量迎来大幅度缩水。行业市场需求总量指标得分93.1，环比下降15.5个点（见附录图-19）。

从企业性质来看，在应对市场波动的情况下，国有企业的表现相较于民营企业更为稳健。数据显示，民营企业和国有企业对市场需求总量均

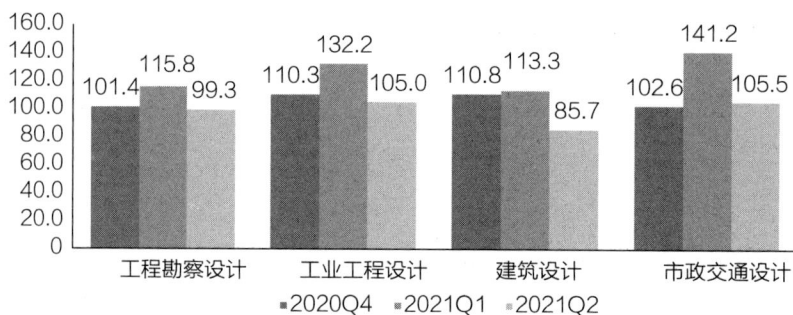

附录图-18　不同细分行业投资环境信心指数对比

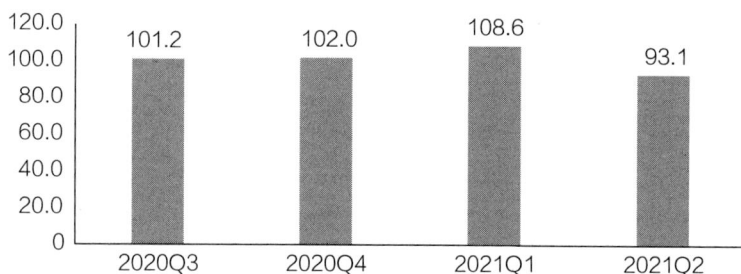

附录图-19　工程勘察设计企业市场需求总量信心指数变化

有下滑，信心指数跌破荣枯线。其中，民营企业得分为91.9，较上一季度下滑19.3个点；国有企业得分为95.0，较上一季度下滑10.4个点（见附录图-20）。

按细分行业来看，工程勘察设计类企业对于市场需求总量的信心远高于其他细分行业，得分为111.5，连续走高；而建筑设计类、市政交通设计类、工业工程设计类企业对市场总需求量表现出绝对谨慎，信心指数得分分别为78.9、80.4和81.5。其中，工业工程设计类和建筑设计类企业较上一季度分别下滑29.6点和30.1点（见附录图-21）。

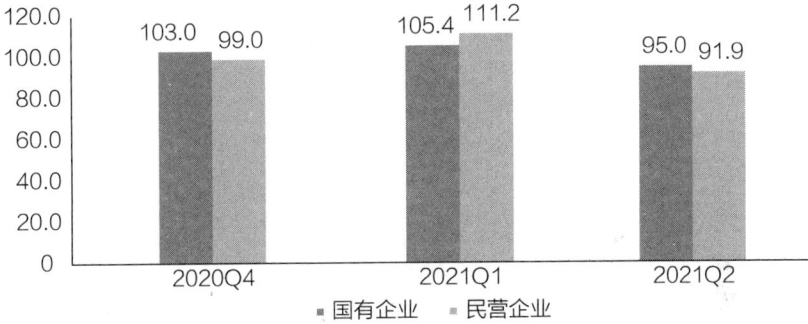

附录图-20　不同企业类型市场需求总量信心指数对比

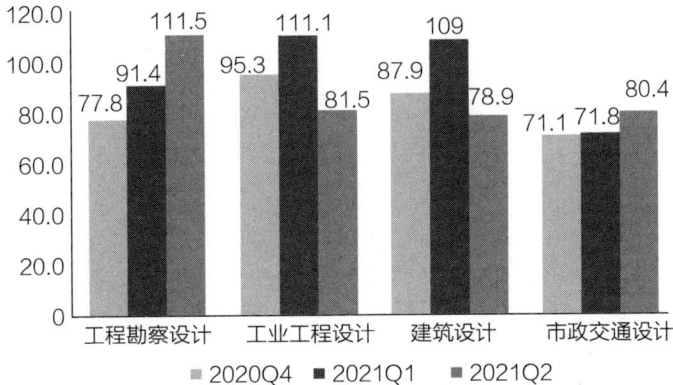

附录图-21　不同细分行业市场需求总量信心指数对比

3. 竞争形势有所恶化

从上述看，受访企业表示市场需求有所好转，但是行业市场竞争局势并没有好转。勘察设计行业市场竞争局势形式将大幅度增加。第二季度，市场竞争形势指标得分88.3，低于荣枯线。与上一季度相比，指标得分下降了13.1个点，接近2020年第四季度水平（见附录图-22）。

从企业性质来看，国有企业与民营企业在第一季度的竞争态势均出现好转的情况下，第二季度出现恶化。具体来看，国有企业得分91.0，较上一季度下滑16.5个点；民营企业得分87.1，较上一季度下滑7.7个点（见附录图-23）。

从细分行业来看，四个细分领域企业对市场竞争的态度均感到担心。其中，工业工程设计类企业对市场竞争的态度最为悲观，得分仅有48.6，

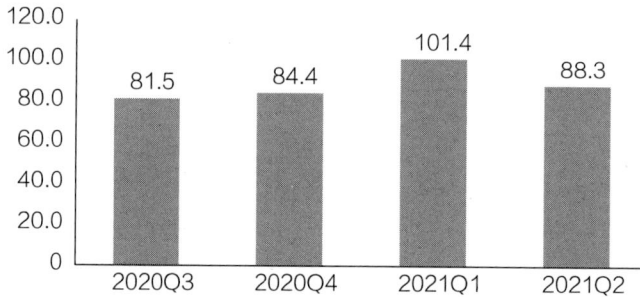

附录图-22　工程勘察设计企业市场竞争形势信心指数变化

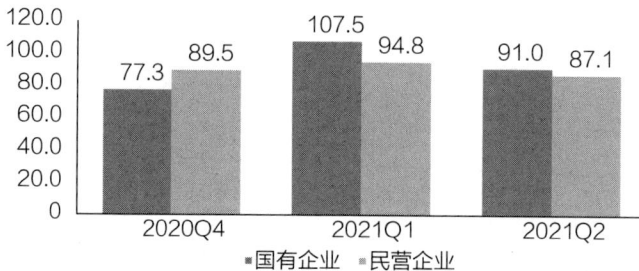

附录图-23　不同企业类型市场竞争形势信心指数变化